RUN FAST!
「走り方」の本質

一流アスリートが実践する
「走り方メソッド」

里 大輔
Sato Daisuke
［著］

TOYOKAN BOOKS

競技に共通して求められるもの。
それは「**スピード**」。
スピードとは何か？
今日では、競技における走る速度だけでなく、
すべての動作にスピードが求められる。
スピードを上げる対象は走りを超え、
「**動作**」にあるのである。

里 大輔
SATO DAISUKE

はじめに

「スピード＆ムーブメントコーチ」という職業

私は「スピード＆ムーブメントコーチ」として活動しています。現代スポーツにおいて、「スピード」は勝利に直結する重要な要因の1つであり、スピードの評価の基準は「速い、遅い」の評価から、「爆発的な速さだったか」へと変化しつつあります。つまり、大前提として「スピード」が求められる時代になってきていると言っていいでしょう。

私はさまざまな種目やカテゴリーでより速く走れ、より速く動けるようになるためのコーチングをしています。走るスピードを極限まで引き上げ、さまざまな種目のプレイ動作、つまりキックやステップなどの「動作のスピード」を上げることで、選手個人のスピードだけでなく、チームの戦略戦術と連動し、その種目の攻撃や守備全体のスピードを上げるための指導をしています。

単に「スピードコーチ」と言っていないのは、スピードを上げる対象は、「走り」を超えて「動作」全般にあるからです。一歩の「動作」が50回繰り返されると、陸上競技の100メートル競争になります。そして、いろいろなスポーツの一連の動きも1つの動作に細分化されます。サッカーのキックやゴールキーパーのフットワーク、ラグビーのタックルやステップワークなど、一連の動作を、連続写真のコマのように切り分け、無駄なコマを省き、走るスピードや動作のスピードを上げるために必要なコマを切り出す。そしてそれをつなぎ合わせ、選手やコーチに「スピードと動作の説明書」を提供することが私の仕事です。

スポーツのあらゆる動きは、全体のストーリーがあることを前提に、1つのコマとして分解されます。ですから、私にとっては「動くもの」すべてがスピードを上げる対象であり、スポーツごとの「種目」という概念はありません。

本書の趣旨

この本は、小・中・高校生のお子さんを持つ保護者の皆さんや少しでも速く走るにはどうすればいいのか、また、速さをどのように活かしていくのかということに興味がある方のために書いた本です。つまり、走ることを「見る人」と「する人」の両方に役立つ本です。

これまで走り方のトレーニング方法については、海外から多くのもの、特に体系化された「ドリル」が多く輸入されてきましたが、ドリルそのものの本質的な考え方や原理原則を理解することなく、やり方や種類といった「現象」だけが先行し、ただの反復ドリルとなってしまっている傾向が強く見られます。これは走ることに限りません。日本では反復ドリルを好み、それを覚えたり、こなしたりすることで上達しようとする傾向が強いと感じます。

しかし、その影響もあって、押さえておくべき本質的な部分や根幹にあるものの考え方が疎かになっている気がしてなりません。目指すべき体の動きは、こなすべきドリルの数ではなく、「根幹にある原理原則」で決まってきます。その原理原則が科学的に理解されていれば、たくさんのドリルやパターンを覚えたりこなしたりする必要はありません。その核となるたった1つの理論の本質を知ることで、「自分だったらどういった練習が一番合っているか」ということを考えられるようになり、自然といい結果が出てくるものなのです。

これは、子どもでもプロでも変わりません。幸い最近は、子どものコーチも、プロのコーチも、原理原則をふまえた指導にシフトしつつあります。そこで、根幹にある原理原則を明らかにし、それに基づいた指導をさらに広めたいと思い、この本を執筆した次第です。

遺伝のことを気にする前に

保護者の方々から「足が速いか遅いかは、親の足の速さで決まるのですか」といった質問をされることがよくあります。そういう先天的・遺伝的傾向はあるかもしれませんが、それ以前に、まず自分が持っている能力を発揮できていないことのほうが問題だと思っています。

足が遅い親から生まれた子どもでも、その能力を100%発揮しているのか、つまりポテンシャルを十分発揮しているのかによって、足が速い親から生まれた子どもより、速く走れてしまうことはよくあるのです。

ですから、生まれつきの能力や遺伝的傾向のことを考えるのは、あまり意味がないと思っています。しっかりとした考え方があれば、伸びるところは、しっかり伸びるのです。私自身も、それで勝負が覆ってきているシーンをたくさん見てきました。遺伝のことを気にするよりも、本書で、根幹となる原理原則を理解することで、是非とも子どもたちの伸びしろを最大限伸ばしていただきたいと思います。

いまの「根幹」が形づくられたジュニア時代

実は、先に書いた「根幹にある原理原則」の部分というのは、私が陸上選手としてスタートした頃にほとんどつくられていて、それはいまも変わっていません。私は小柄で、もっぱら短距離を走っていましたが、100メートル走は、大柄な選手がどんどん出てくる中で、「この競技で勝つためには、自分の動作の精度やスピードを上げるしかない。それにはどうすればいいか」ということばかりを考えていました。

まずは、スタートする一歩の動作のクオリティを上げるために、「100メートルをどこまで細分化できるだろう」「どんな種類の一歩があるのだろう」と考え、ありとあらゆる競技の一歩の局面を切り取ってひたすら観察を続けました。すると、サッカー・ラグビー・フィギュアスケート・ハンドボールなど、いろいろな種目の一歩の動きを見たときに、いい選手とそうでない選手との違いが、自分なりに明らかになってきたのです。

さらに、「プレイ動作の最初と最後はどこだ」という見方をするようになり、「動きが何コマに分かれるのか」といった分析作業もずっと続けてきました。こうして、自分の中で１００メートルを走っているという概念が少しずつ薄れていき、さまざまな競技をまたいで、いまコーチングをしていることにつながっていったのです。

いずれにせよ、動作を追求する研究は、絶大な効果がありました。地区の大会、県大会と勝ち上がっていき、「全国大会は優勝するぞ」と意気込んでいたのですが、ふたを開けてみたら決勝では私は7位となり敗退。人生ではじめての負けを経験しました。

これがきっかけで、「勝負に勝つ動作を追求したい」という好奇心と、「負けられない」という恐怖心が生まれ、自分の追求する階層を深く掘り下げていくことにつながりました。そして、全国大会で優勝することができたのです。「負けられない」「負けたくない」という気持ちと、動作を追求したいという想いが、自分をそこまで押し上げてきたように思います。

また、指導してくださった先生のおかげで、自分自身を見つめ直す機会が得られ、どうすれば、いまの自分の体で１００％の力を出し切ることができるかを絶えず考えるようになったのです。

本書を読んでいただく前に

この本を読むにあたって、子どもの指導に携わる方々によく理解しておいてほしいことがあります。それは、「走り方」と「走らせ方」は分けて考えたほうがいいということです。

例えば、私の走り方をみなさんに伝えても、それが理想というわけではありません。しかし、子どもの指導に携わる方の多くは、自分の走りのイメージを子どもに伝えてしまうので、走り方（自分の走り方）と走らせ方（第三者への伝え方）を区別することができていないのです。本人ではなく第三者の走り方で指導を受けると、伸び悩んだとき、元に立ち返れません。その意味で、走り方と走らせ方は区別することが大切なのです。

大人の走り方を子どもに教えているのが、いまの走り方です。指導者は、子ども本来の走らせ方を意識する必要があります。子どもには子どもの走らせ方があり、大人には大人の走らせ方がある。その上でどちらを選択するかを決めるのが、指導でありコーチングだと思っています。

この本ではまず最初に、私が指導の際に子どもたちに伝えている4つのポイントである、①勝ちポジション、②勝ちライン、③C（膝）を通す、④空と地面について紹介していきます。
その後、走りの基礎理論、この４つのポイントを意識したトレーニング、いろいろなスポーツの走りのメカニズムを解説していきます。

この本で紹介する理論やトレーニングは、子どもから大人まで実践しやすいものです。効果があらわれる期間には個人差がありますが、長期的に続けていけば誰でも必ず結果が出てきます。
この本を通して、タイムを測定することだけが走りの評価や楽しみではなく、「走りの動作」を楽しんでもらえるようになっていただけたら嬉しい限りです。

スピード＆ムーブメントコーチ　里 大輔

第2章　走るための基礎理論……41

第3章　走りの練習メソッド……75

第4章 4つのポイントは、あらゆるスポーツに応用できる……101

※本書では脚の部位を示す場合は「足」、全体を示す場合は「脚」と表記しています。

第1章

4つのポイントを意識する

「勝ちライン」「勝ちポジション」「C（膝）を通す」「空と地面」。この4つのポイントは、この本を読み進めていく上で重要なキーワードになってきます。ここでは、それぞれのポイントについて解説していきます。

走りには４つのポイントがある

勝ちポジション・勝ちライン・C（膝）を通す・空と地面

４つのポイントとは、「①勝ちポジション」「②勝ちライン」「③C（膝）を通す」「④空と地面」です。はじめに、この４つを簡単に解説します。

①勝ちポジションは、スピードやパワー勝負で勝つための正しい足の裏の荷重位置のことです。②勝ちラインは、正しい上半身の姿勢です。上半身と下半身が合わさって、１つの正しい姿勢になります。もう少し詳しく説明すると、「上半身の姿勢に加え、足の裏のポジションもコントロールされて、はじめて姿勢全体が完成する」という考え方に基づき、単純化したものが、「①勝ちポジション」「②勝ちライン」です。

4つのポイント

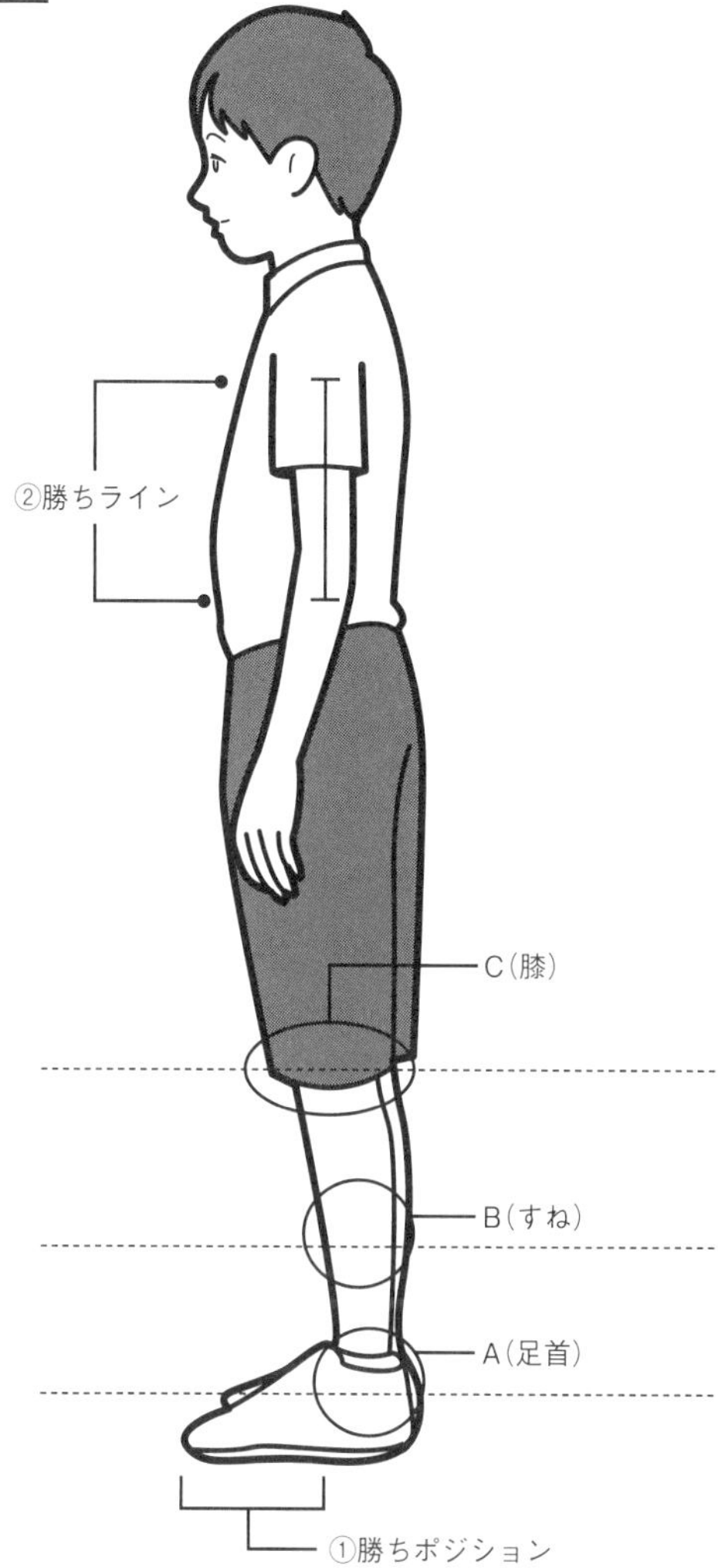

足の裏前部50%に重心をかける①勝ちポジションと、みぞおちとへその間の距離を長く保つ②勝ちラインを合わせて、正しい姿勢をつくります。

次に「③C（膝）を通す」です。便宜的に、下から順に、足首をA、すねをB、膝をCと呼び、高さの基準にしています。「Cを通す」は、「振り上げる脚の足首が軸足のC（膝）の位置・高さを通る」という意味です。Cポジション（膝の高さ）を通過することが大事なのです。Cを通すと、強く速い理想的な力の加わり方になります。フォースプレートという力を測る機械で測ると、膝を通す位置によって力のかかり方がまったく変わってくるのがわかります。

Cを基準に考えると、足首の通り道は「Cを通らず、後ろに足が上がってしまうパターン」「Cを通るパターン」「Cの下を通って

足の動き

Aを足首、Bをすね、Cを膝とします。一方の脚の足首Aが、もう片方の脚の膝Cを通ることを「C(膝)を通す」と言います。Cを通したか通していないかで、一歩目の伸びが大きく変わってきます。

しまうパターン」の3パターンに分かれます。Cを通すことができれば、股関節優位の屈曲・伸展運動が生まれるのです。これは、直線的な移動だけでなく、野球での盗塁など、横方向への移動にも使える動きです。横方向に強く加速をしなければならないときも、Cを通したか通していないかで、一歩目の伸びが大きく変わってきます。

最後に「④空と地面」です。腕振りのとき、前の手は空を、後ろの手は地面を向くようにすることです。腕を振るとき、指先が空まで届かず、すぐに後ろに振るような動きになると、頭部が前方に傾き、脚自体は後ろのほうで回転します。つまり、手の動きが脚の動きを生み出しているのです。

手の動き

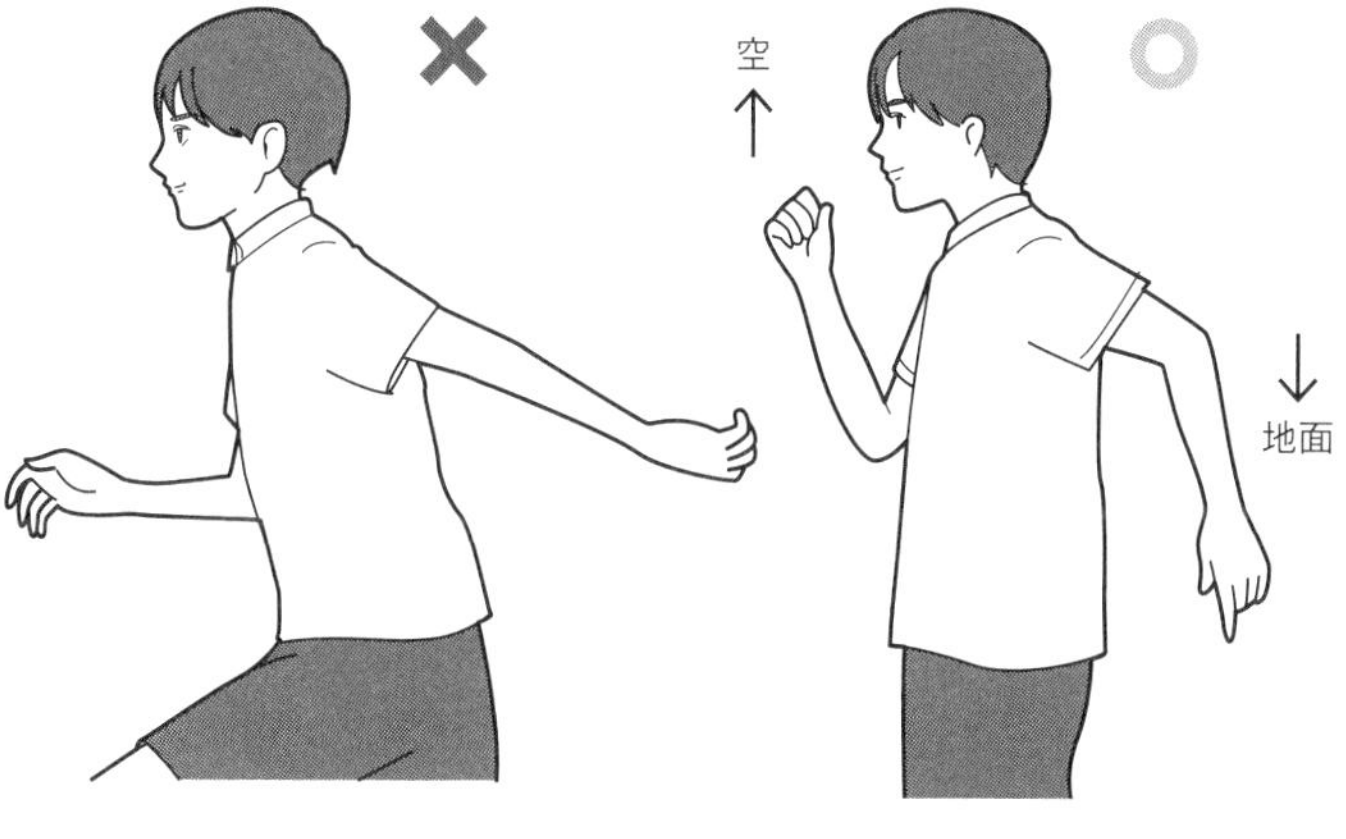

上げた腕の手を空に、下げた腕の手を地面に向けることを「空と地面」と言います。

①勝ちポジション

勝ちポジションと負けポジション

まず、勝ちポジションですが、これは足の裏が、地面に対して前50％の全体に荷重できている状態です。逆に「かかと荷重」している状態を「負けポジション」と呼んでいます。

勝ちポジションの「勝ち」は、2人で押し合うときの勝ち負けを意味しています。2人が向かい合って両手を合わせ、押し合ってみてください。足の裏を勝ちポジションにして、押すと力が入るようになりますよね。逆に押されると、負けポジションになってしまいます。私は子どもたちを指導する際、その感覚がつかめるよう、この押し合いを実際にやらせています。

「押されるときはどっちに力がかかっている？　前に行くときはどっちになる？　押されてもステップバックしてもう1回勝ちポジションにしたら、もう1回押せるよね」と促し、足の裏の勝ちポ

勝ちポジション

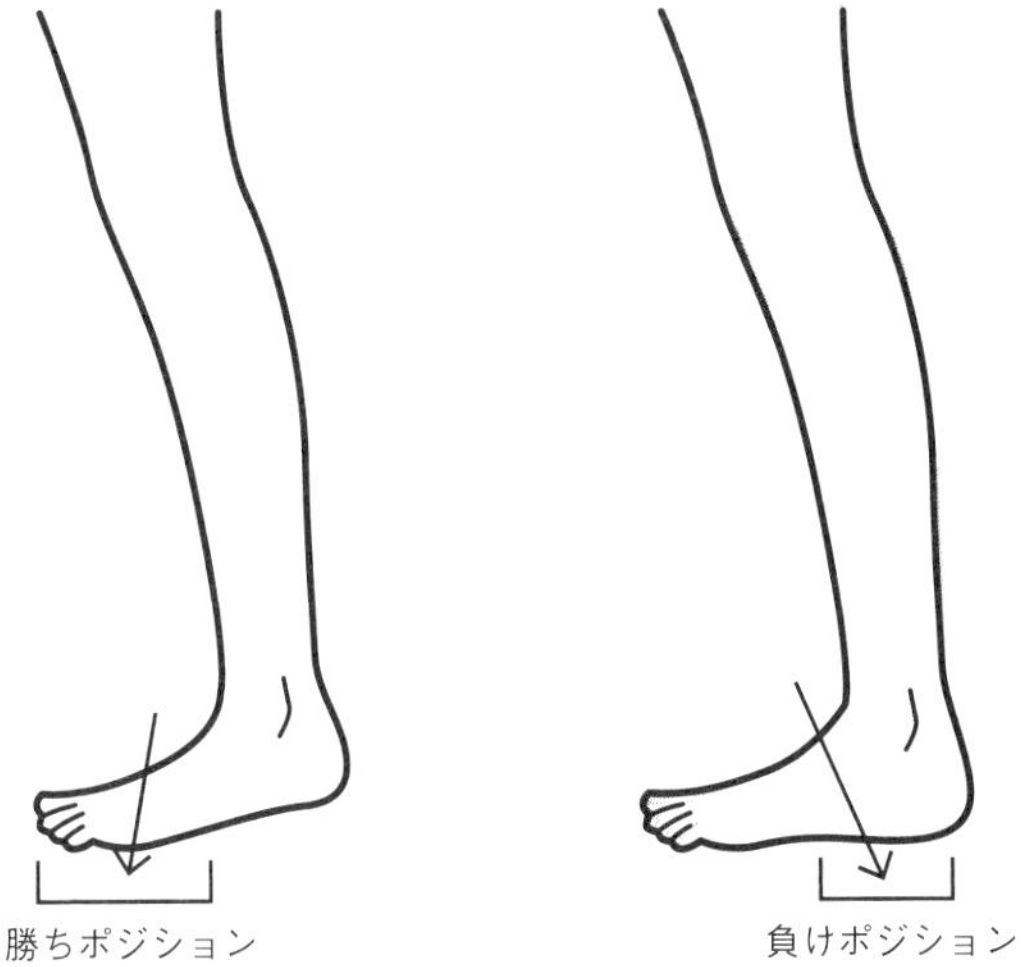

足裏の前部50%に重心をかけるのが「勝ちポジション」(左)、
逆に、後部50%にかけるのが「負けポジション」(右)です。

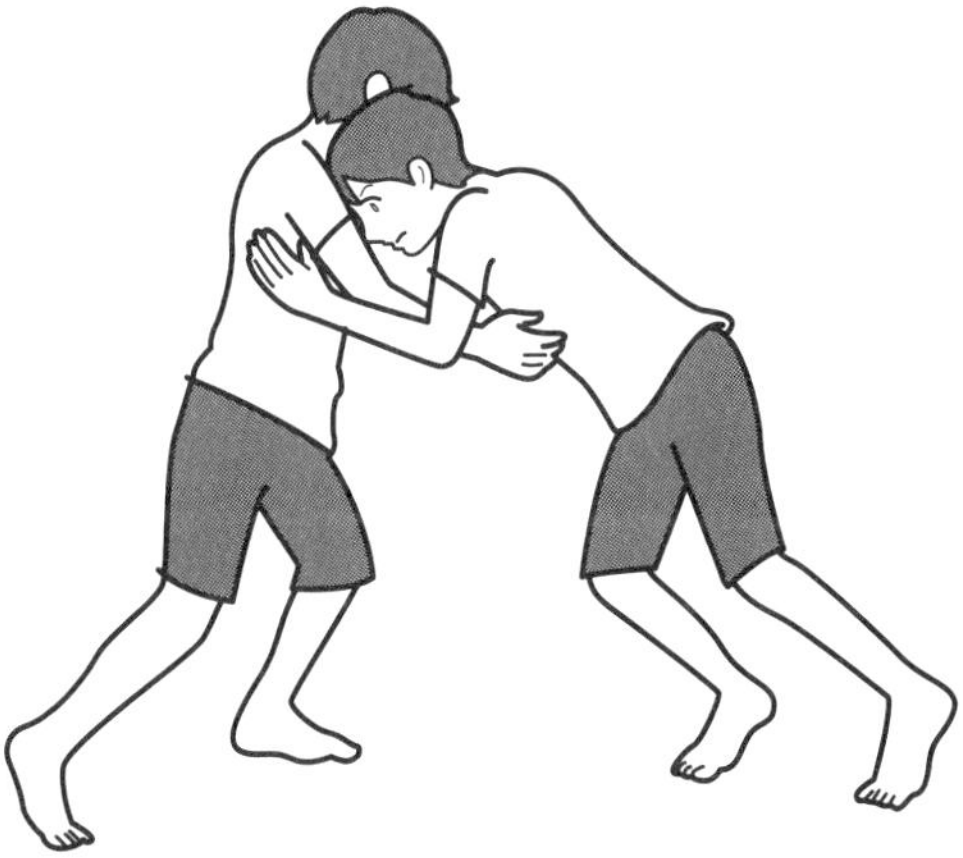

「勝ちポジション」を理解するには、押し合いをさせるのが
効果的です。

ジションの感覚を身につけさせます。

また、体重差があるとよりその違いが実感できるので、「勝つ人＝子」「負ける人＝親」と役割をあらかじめ決めて、親と子どもでやらせてみます。子どもは押されるのですが、「押されそうになったら素早く勝ちポジションをつくって、もう1回押してみよう」と促します。しかも、しっかり押そうとすると、猫背にはならず、自然に勝ちラインになってくるのです。その結果を受けて、「勝ちライン、勝ちポジションになったら一番力が出るよね」という話をしています。

例えば椅子に座っているとき、負けポジションのままだと、立ち上がるのは難しいものです。そのため、みなさんは、前50％全体に力をかけて立ち上がろうとしていると思います。また、前に移動するときは、足の裏の後ろ50％の負けポジションの着地から、徐々に前50％の勝ちポジションに移行してはじめて、後ろ足が離れていきます。負けポジションのまま歩こうとすると、スムーズに前へ進むことができません。

「よーいドン」の姿勢で子どもに多いのは、「両足負けポジション」、もしくは「後ろ足勝ちポジション＋前足負けポジション」というケースです。こういった負けポジションでのスタート姿勢だと、必ず動作に遅れが生じるのです。

人間は、両足が勝ちポジションにならないと、スムーズに前方向へ移動できません。まずは、スタートのセットのところで両足を勝ちポジションにすることを意識しましょう。ちなみに、一般的な「気をつけ」の姿勢は負けポジションで、エネルギー消費が最も少ない立ち方なのです。そのため、長い間立つためには、かかと荷重がよいとされていますが、エネルギー効率が低い状態であるために、すぐにスピードを上げるような場合には適していないのです。

しっかりと足の裏前50％全体に荷重する

勝ちポジションで大事になってくるのは、ただ単にかかとが浮いているだけではなく、しっかりと前50％全体に荷重することです。そうすることで、素早く動き出すために必要な部位に適度な緊張が起こる状態になります。前25％の荷重、つまり「つま先立ち」ではいけません。「つま先立ち」だと、ふくらはぎが固くなって、筋肉が過度に緊張します。とても不安定で、膝や足首が曲がりやすくなり、けがにつながるので「前50％全体荷重」をしっかりとマスターしてください。

勝ちポジションについて、もう少し詳しく解説します。普段私たちが立っているときは、足趾（足指）の2、3、4番目（手で言えば、人指し指・中指・薬指の部分）は地面から離れていると思います。ここはなかなか気づかないところですが、この3本の足指が着地していないと、いざ歩こうと思っても前方向にうまく進めないのです。

ですから、足の指5本すべてを地面につけた状態で、勝ちポジションをつくることで地面をつかむ感覚をつかめるようになります。こうなってはじめて「走るために体を支えている状態」になります。

次に解説する勝ちラインの話につながってくるのですが、へそとみぞおちの距離が短くなる（猫背の姿勢）と、後足部荷重、つまり負けポジションになりやすくなります。へそとみぞおちの距離を長くし、姿勢を変化させると、足部の荷重位置も変わってきます。実際にやってみるとわかりますが、「勝ちポジション」のまま猫背になるのは難しいのです。つまり、「勝ちポジション」「勝ちライン」は、相互に作用する関係なのです。

さらに補足すると、走る中で着地するときも、ポイントは勝ちポジションと勝ちラインになります。もも上げのトレーニングをするときに、「足の裏は勝ちポジション、姿勢は勝ちラインになっていますか?」「じゃあ、負けポジションで、もも上げをやってみようか。どっちがやりやすい?」などと質問をしながら指導すると、その感覚はつかみやすいでしょう。

私がこのように問いかけながら指導しているのは、この考えを十分に理解してもらい、実際に動く際に使い分けができるようになってもらうことを重視しているからです。良い見本(Good image)と、悪い見本(Bad image)をつくることが、私の大きな仕事です。悪い見本を意図的に行うことができれば、比較ができるので、そこから離れる作業がしやすく、悪い見本になってしまったときも、違和感を覚え、自分で修正できるようになるのです。

②勝ちライン

へそとみぞおちの距離を離す

勝ちラインは、へそとみぞおちの距離を示しており、勝ちラインになると、その距離がしっかり保たれています（左図参照）。へそとみぞおちの距離が短くなるような姿勢ではないということが重要です。このような姿勢だと、腰を反らせたり、お尻が出たりしてしまいます。なかなか勝ちラインをつくれない子には、「息を強く吸いましょう」と助言しています。息を強く短く吸うと、みぞおちだけがポンと上に上がる感覚になり、自然にへそから上の距離が長くなります。息を吸った瞬間に肩が上がってしまう子には、肩を落とすように伝えてください。

また、勝ちラインをつくるには、肩の位置が前後していないかも重要です。しかし、私はあえて伝えないようにしています。なぜなら、そういう情報が入ると、肩を故意に動かしたくなってしま

勝ちライン

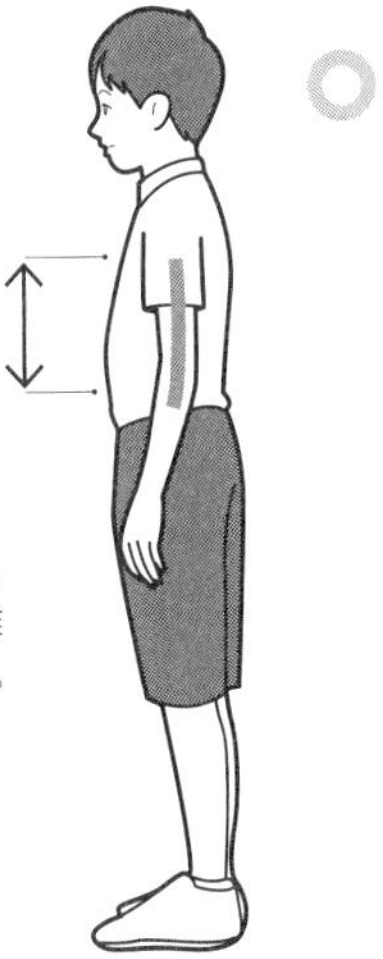

勝ちラインになると、
へそとみぞおちの距離
がしっかり離れている。

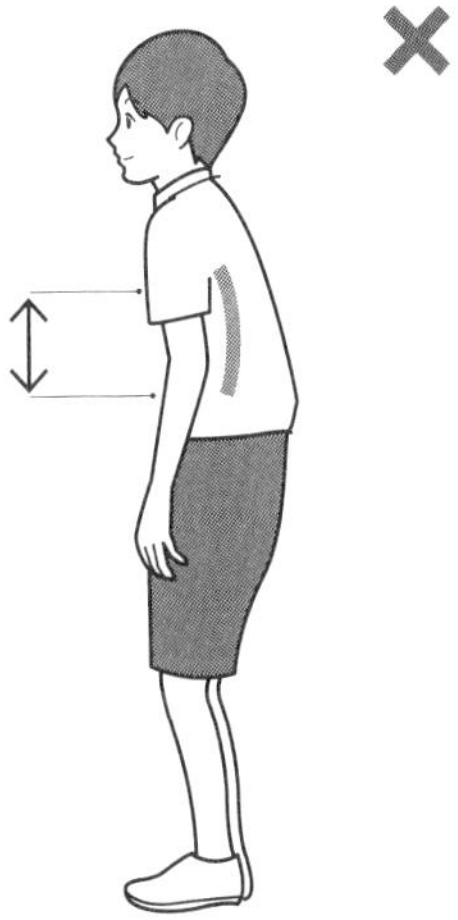

猫背の姿勢

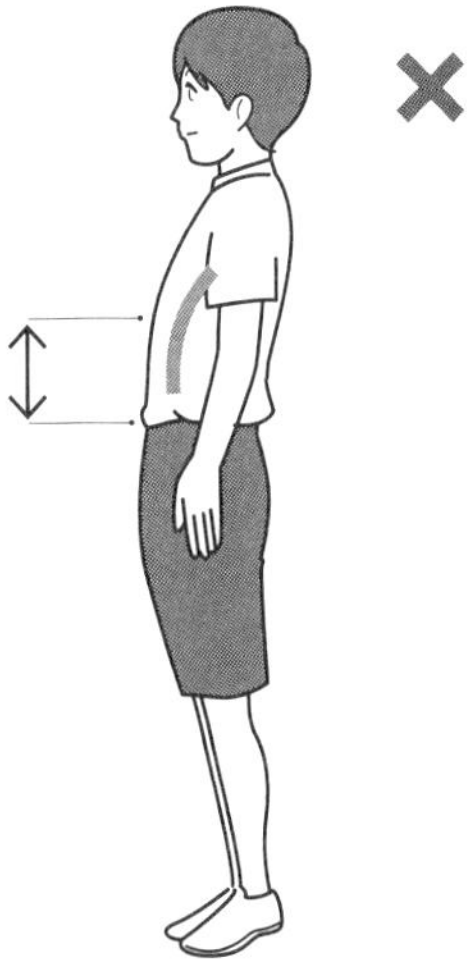

腰が反っている姿勢

へそとみぞおちのラインが短くなると、背中が曲がって姿勢が崩れてしまいます(右)。また、みぞおちの位置を後ろへ長くすると、腰が反り、足も負けポジションになってしまいます(左)。

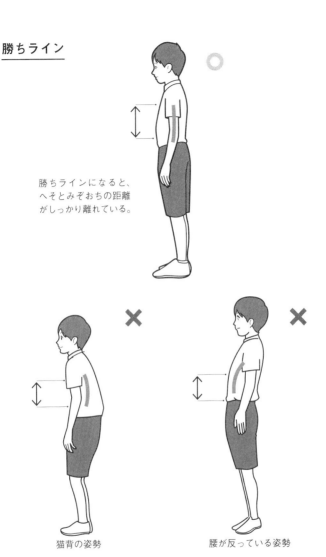

うのが子どもだからです。肩の位置が前後している子がいても、勝ちラインだけに意識を集中させています。情報としては持っているけれど、あえて伝えず、やらせたいことだけを伝えるテクニックも必要です。

一方、改善したい箇所をストレートに指摘しても伝わらないケースもあります。走りでは、脚が前に出なくなることを「脚が流れている」と言うことがあります。このようなとき、「脚を流すな」というBad imageを言っても伝わりません。「脚を流さないために、勝ちラインを意識しよう」といった、Good imageを伝えることが大切です。

例えば、強いボールを投げる場合、手首だけを使って速度を出そうとしても、うまくいきません。手首以外の全身を使って、はじめて速度が増すのです。ほかのスポーツではわかっていても、走りになると、気になる部分だけに着目して、改善したくなってしまいます。

そうではなく、姿勢と腕振りを改善することで、脚の動きが変わったりするのです。助言をするときも、「Aがこうなっているのは、Bがこうなっているからだよ」と、順序立てて関連性を説明することでより理解が深まります。

「気をつけ」や「よい姿勢で」ではわからない

普段の生活でのよい姿勢も、走りと同じで、へそとみぞおちの位置を離すことがポイントです。まず、学校での「気をつけ」の姿勢が、「胸を張りましょう」という意味で理解されているので、肩を引いて胸を張る子が多く見られます。

しかし、それでは、肩を引いているだけなのです。肩の位置はそのままにして、へそとみぞおちを子どもに触らせて、「この距離が狭くなると何になる?」と聞くと、「猫背になる」と言ってくれるのですが、そうならないように、この距離を離させます。離すと肩の位置はそのままで、いわゆる勝ちラインの状態になります。へその下を長くすると、腰が反ってしまいます。「へそはとめて、みぞおちだけ上げる」と、体幹にも少し力が入ります。この状態が、体幹が入って姿勢がきちんと保持されている状態です。体の構造で言うと、胸郭がしっかり開き、体の中から胸を張っている状態になっています。

これは走る以前の問題ですが、学校には「気をつけ」の基準がないのです。胸を張っていれば肩を引いてもいいのか、胸を張っていれば、背中は反っていてもいいのか、お尻が出ていてもいいのか。その基準がバラバラです。いろいろな考え方があっていいと思いますが、私は「へそとみぞおちの位置を離す」という表現が、「気をつけ」の基準として一番いいと考えています。

「へそとみぞおちの位置」がイメージしづらい場合は、下の図のように「両肩と両股関節をむすぶ四角形を大きくする」でもいいでしょう。猫背でも、背中が反っていても、正面から見ると四角形の面積は小さくなってしまいます。

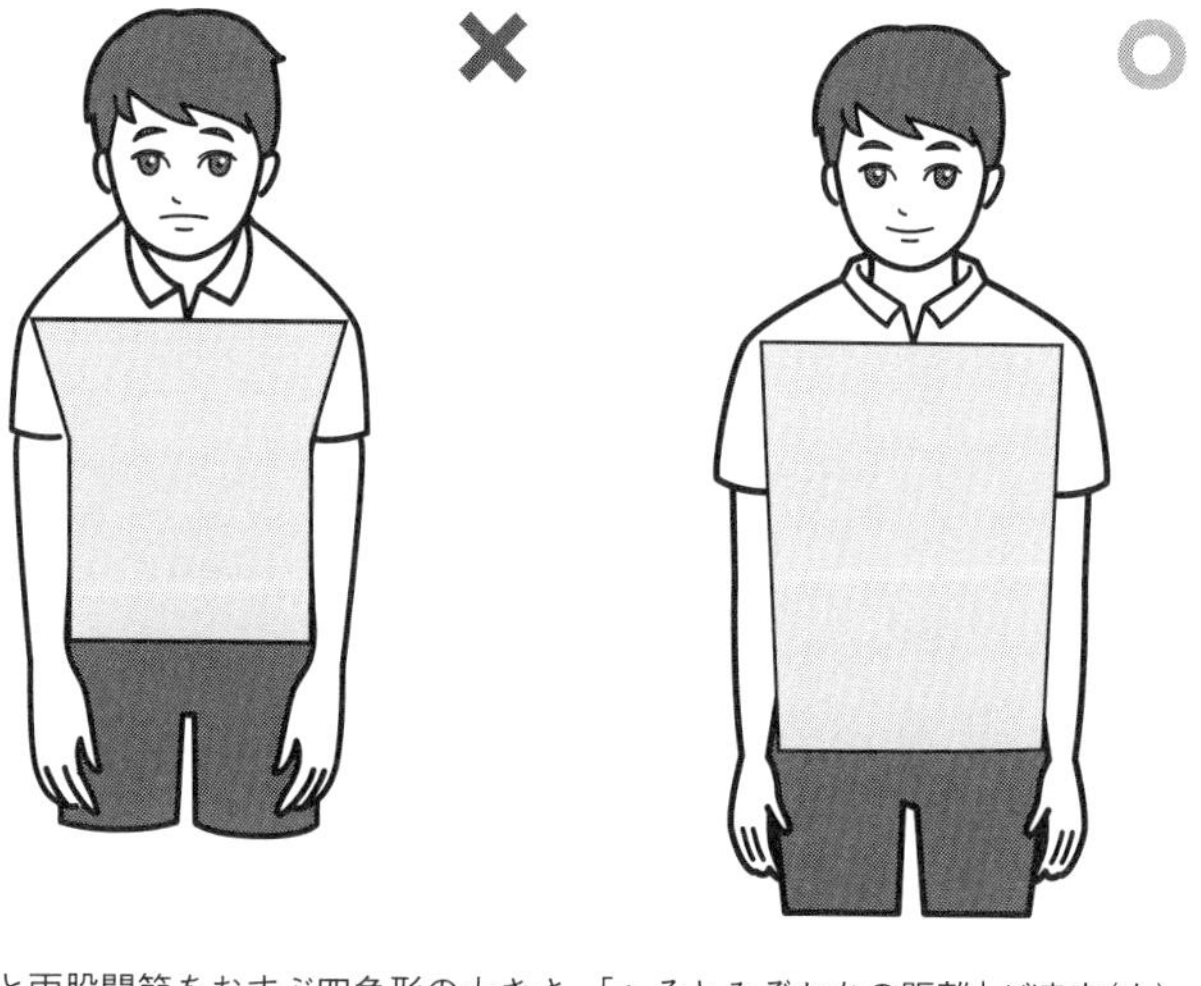

両肩と両股関節をむすぶ四角形の大きさ。「へそとみぞおちの距離」が適度（右）に保たれているのに比べて、猫背になってる（左）と四角形の面積が小さくなっています。反っている場合も同様に四角形の大きさは小さくなります。

③C（膝）を通す

足首を膝の位置に通す

次に、3番目の「C（膝）を通す」です。注意すべき点は、足首がC（膝の位置・高さ）を通るというタイミングが取れているかどうかです。実際に走る場合は、着地の際、どうしても足の裏が体の少し前に着くので、手首が腰の下を通過する頃に足首がCを通っていきます。

ただし、走らずにその場で脚を動かす場合と、走りながらの場合では、足首がCを通るタイミングが若干異なるので、注意が必要です。その場で脚を動かすと、着地とCを通過するタイミングが同じになります。

最初の練習で感覚をつかませる段階では、その場で脚を動かす動きをするのですが、どのタイミングでCを通っているかを動きの中で見つけるのはすごく難しいので、動画を撮影して、手首が腰の下を通過するときに、Cを通っていなければ、1つ段階を戻して、その場でCポジションのタイミングを合わせる練習をするのです。

通るべき場所とタイミングを示した上で子どもたちの走りの映像を見せると、「勝ちポジションにはなっているけれど、じゃあCポジションは?」と聞くと「Cを通ってない」というのがわかるようになります。A(足首)がCを通らないときは、その場で膝曲げスイング(P.82)をすると、股関節を意識しすぎることなく、脚を屈曲できるようになるのです。そうすると、ムダなく効率的に、速く脚を上げ下げできるようになります。

C(膝)を通す

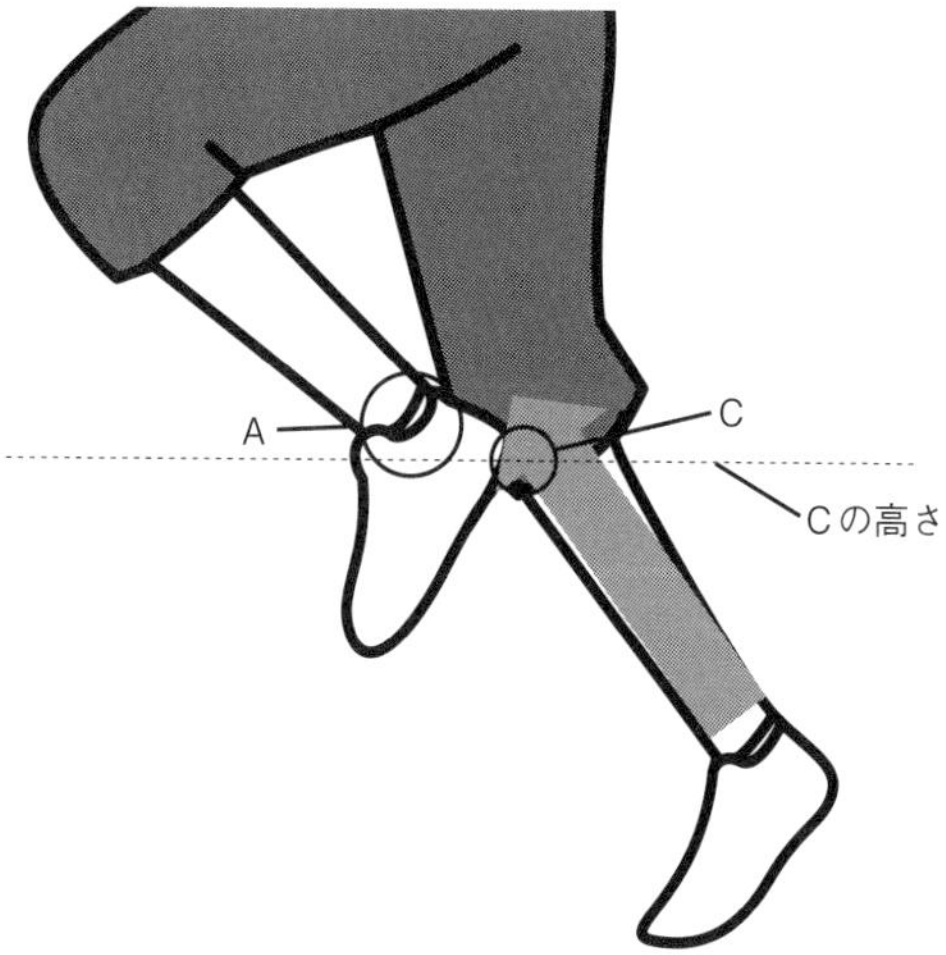

右足が勝ちポジションになる瞬間に、左足首Aが右膝Cを通っています。そうすると、自然に股関節を使った走りをすることができます。

④空と地面

前の手は空を、後ろの手は地面を

最後に、「空と地面」についてです。これは次ページの図の通り、腕を振るときに、前の手は空を、後ろの手は地面を向くようにすることです。ここでのポイントは、手首が「腰の下」を通過しているかどうかです。なぜなら、腰の上を通すようにして腕を振ると肩が上がってしまうからです。ですので、手首を腰の下に通してから、空と地面に向けるのが正解です。このとき、「肩を下げる」と言うよりも、「腰の下を通す」という言い方をしたほうが正しく伝わります。

手首を腰の下に通すことができると、肩の位置が自然な位置のまま、肩関節優位の屈曲・伸展運動につながります。そうすると、足首もCを通りやすくなり、体の姿勢も安定しやすくなるのです。

空と地面

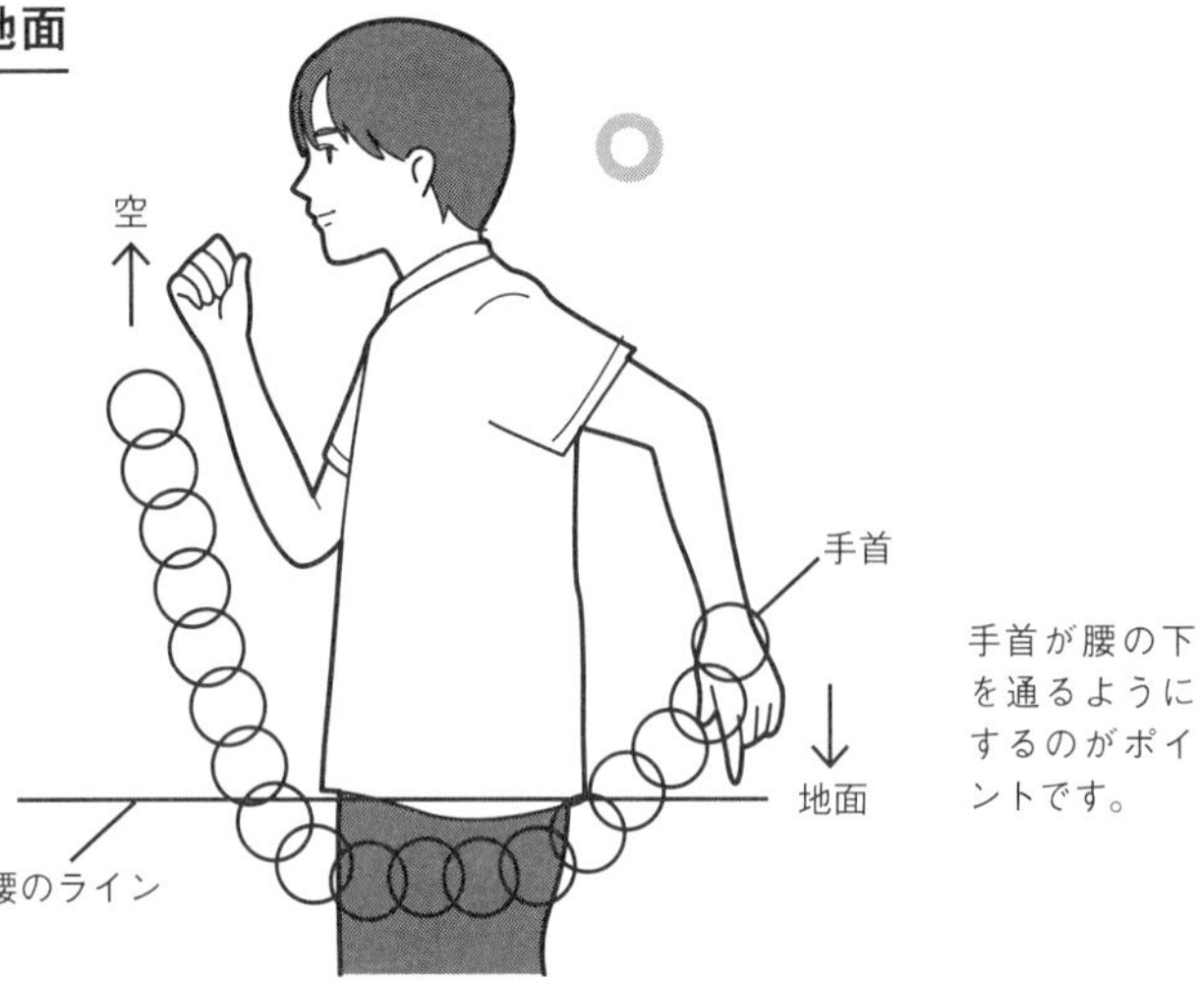
○
空
手首
地面
腰のライン
手首が腰の下
を通るように
するのがポイ
ントです。

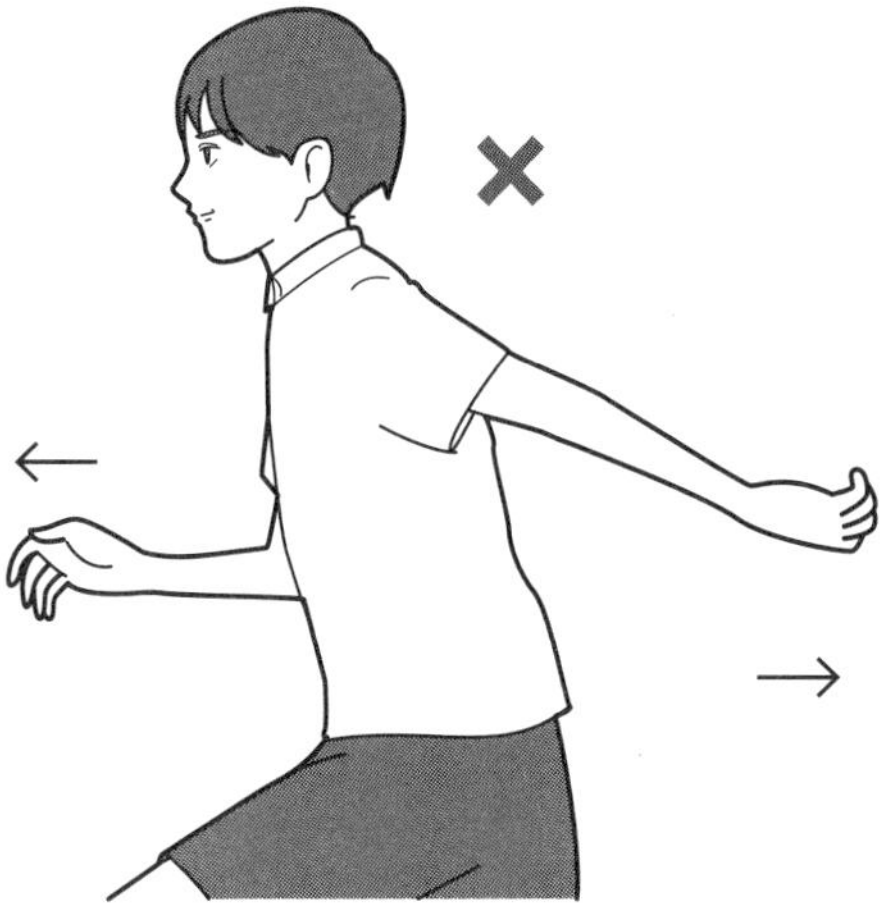
×

手が前方や後方を向いている場合（下）は、「空・地面！」と声をかけてあげると、子どもたちに伝わりやすくなります。

「空と地面」の腕振りについては遊び感覚でできるので、およそ6歳くらいから指導するのがよいでしょう。この振り方を覚えてくると、正しいフォームが身につくことはもちろん、自分の指標をちゃんと持った上で体を動かすことが身についていくのです。

ここがちょっと微妙なところですが、ポイントは、型にはめていくのではなくて、指標・基準を自分自身で探し出せるようにしていくことです。「こうだから、こうしなさい」という一方的な指導は、逆効果になってしまいます。

この「勝ちポジション」「勝ちライン」「Cを通す」「空と地面」という4つのポイントは、スタートダッシュからゴールフィニッシュまで、走りのあらゆる瞬間で意識します。

こうした考え方は、自分が選手だった頃などは、まったく持っていませんでした。当時は自分の走り方だけ考えていればよかったので、理論化する必要性はまったくなく、感覚の世界でしかありませんでした。1つのフェーズを細かくして、こう動けばいい、この軌道が自分にとっていい、といった考えはありましたが、コーチを始めて、「走り方を教えてはダメなのだ」ということに改めて気が付いて、これまで書いてきた4つのポイントを整理し始めたのです。

4つのタイミングを合わせる

以上、4つのポイントを説明してきましたが、それぞれのポイントが正しくできていることに加え、大切なのは、この4つのポイントを、できるだけ同じタイミングで行うことです。優れた選手は、この瞬間が本当に1つになっているのです。4つのポイントを正しいタイミングで実行できていれば、例え体の動きに上下動があったとしても、大きなロスにはならず、それなりのスピードが出せるということです。

タイミングの合っている状態とは、4つのポイントのタイミングが着地時に合うことです。走りにおいては、常に「勝ちライン」を保ちながら、着地から「勝ちポジション」へ移行するタイミングで、「C（膝）を通す」「空と地面」が合うことです。

そのため、動きに違和感があったり、ぎこちなさを感じたりしたときは、そのほとんどの原因は「タイミングエラー」であると言えるのです。

4つのタイミングを合わせる

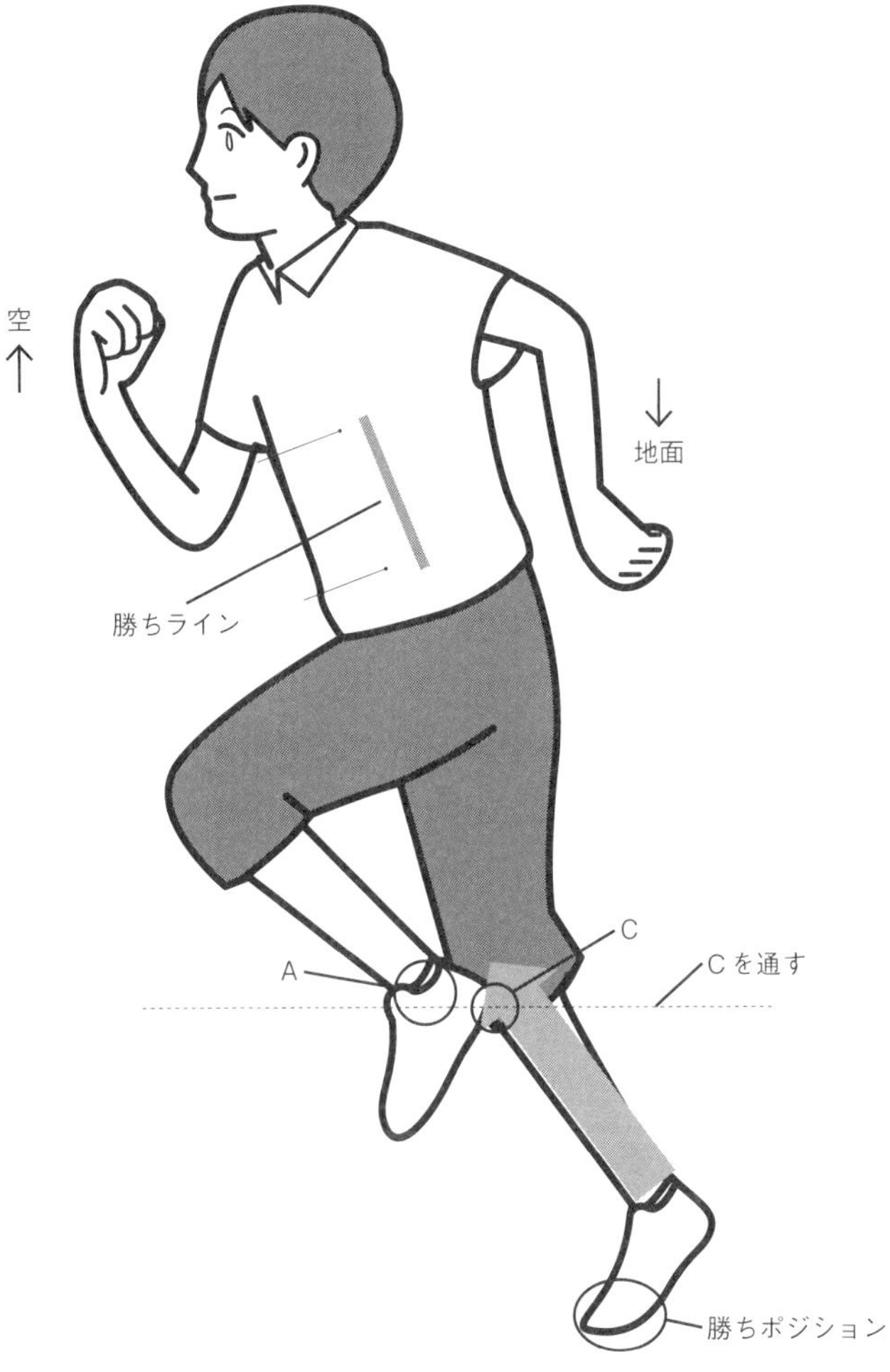

右足が勝ちポジションになる瞬間に、左足首Aが右膝Cを通っています。そうすると、自然に股関節が優先で動きます。

また、「最高点・最下点」「開く・閉じる」「伸ばす・曲げる」などの相反する動作のタイミングや、動作の順番としてのタイミングがずれる場合などもチェックしていきます。例えば、野球でボールを「投げる」瞬間をイメージしてみてください。リリースの「最高点・最下点」はどこか、そのときそれぞれの地点で体は「開くのか・閉じるのか」、肘は「伸ばすのか・曲げるのか」、さらに左右の手足で「そのタイミングが連動しているか」というように、部品とタイミングの合わせ方によってパフォーマンスは変わってくるのです。

このように人の動作には、「走る」「投げる」「蹴る」など、それぞれの動作に対してタイミングが存在します。そして、タイミングが揃ったところで、はじめてスムーズにスタートすることができます。しかし、タイミングが合わないと、スタートが遅れ、ムダな動作が多くなり、力や速度が弱くなってしまいます。

4つのポイントは、いわば部品。部品が揃っても、それを合わせるタイミングが重要です。動作のスピードを高めるためには、動作を構成するパーツとその順番、そしてそれらのタイミングを合わせる必要があるのです。

指導の経験から

私はよく、保護者の方から「いますぐスピードが出るようにしてください」と頼まれることがありますが、実はこの4つのポイントを意識するだけで、十分速くなるのです。

これまで「タイムを短縮しよう」という企画には1000人くらいに参加していただき、90%以上の子どもたちがその日のうちに記録を上げています。それは、指導のたまものというよりも、理論どおり正しく行えば、誰でもできることなのです。しかも単純なキーワードだけなので、難しいことではありません。一番記録が伸びた子では、50mで1秒以上速くなっています。

実際、12歳ぐらいから指導を始めた4人の子どもがいるのですが、そのうちの3人がいま国代表になっていて、そのうちの1人は強化選手に選出されています。やはり、ジュニアの頃に正しい練習をすると、ある程度自分の持っている能力値を引き出せ、相当のレベルにはなれると思っています。

― 第1章 ―
チェックポイント

チェック1 下半身の動き

☑ 足は前50%に荷重しているか……………………▶P.21
☑ A(足首)がC(膝)の高さを通っているか ……▶P.32

チェック2 上半身の動き

☑ へそとみぞおちの距離が保たれているか ……▶P.27
☑ 腕振りの際、前の手が空、
後ろの手が地面に向いているか ………………▶P.34

チェック3 タイミングを合わせる

☑ 4つのポイントが一致する瞬間を
つくれているか …………………………………▶P.37

第2章

走るための基礎理論

タイムだけが走りの楽しさではありません。ここでは、子どもと大人の走りの違い、子どもを指導する上でのコツなどを解説します。また速く走るために、そして走りを楽しむために大切なことを紹介していきます。

走りを科学する

「歩き」と「走り」の違い

まず、子どもたちに指導をする際に、知っておいていただきたいことをいくつか解説しておきます。まずは、意外に知られていない「歩き」（ウォーキング）と「走り」（ランニング）の違いについてです。

「走り」の基準は、以下の3つです。

①両足が空中にあるか
②身長に対して48％以上の歩幅になったか
③1秒間に4歩以上だったか

身長に対して歩幅が48％以上になっていることが、「走り」の3つの基準の1つです。

身長180センチの人は自分が86センチぐらいの歩幅になり出すと、「歩き」ではなく「走り」になります。医師から走ることを禁じられている人がランニングを再開するとき、まずは身長の48%以内の歩幅でリハビリを行います。走りは長らく研究されているので、この3つの基準は、ほとんど不変です。

また、全力疾走の場合、成人男性の脚は1秒間に4回転し、歩幅は身長に対して110%になるのが一般的です。

もし、身長が1メートルだったら、110センチのストライドで走って、それを1秒間に4回繰り返すことになります。身長比が違うので、歩幅は当然違いますが、これは6歳も大人も一緒です。

これを理解していると、遊びの要素を加えた練習にもこの3つの基準を応用することができます。1秒間に3回転のステップで遊ばせ、慣れてきたら4回転のステップで遊ばせます。また、マークを置いて足を合わせるゲームをしたり、回転数を変化させたりして、難易度を変えることもできます。

こうしたストライドとステップの要素が入っていないと、スムーズな全力疾走になりません。

また、全力疾走になる能力が高いと、1秒間に4回から4・5回の回転数になるのですが、これはかなり速いので、その速さの中で歩幅を広げてしまうと、けがにつながってしまいます。事前に、狭い歩幅で「4・5回はこれくらい」と経験させた上でスタートをさせると、けがのリスクを減らすことができます。

「走り」の種類

走りは、大きく分けて2種類あります。膝型と股関節型です。さらに分類すると、膝系股関節型・膝系膝型・股関節系膝型・股関節系股関節型の4つがあります。膝型は東洋人系で、股関節型は欧米人系と言われています。多くの日本人は膝型ですが、膝にもフレクション（屈曲）型とエクステンション（伸展）型があります。曲げることで伸ばす運動をつくる人と、伸ばすことで曲げる運動をつくる人の違いです。

日本人の歩き方は、「膝から先に振り出して、股関節とお尻が全然動かなくて、膝が大きく屈曲して、腰が下がって、最後、膝主導で着地する」という動きが一般的です。これは、骨格的なことと生活様式が関係しています。

膝型

膝から先に振り出して、お尻は動かず、着地時に膝と股関節が屈曲する歩き方。日本を含む東洋人に多いと言われています。

股関節型

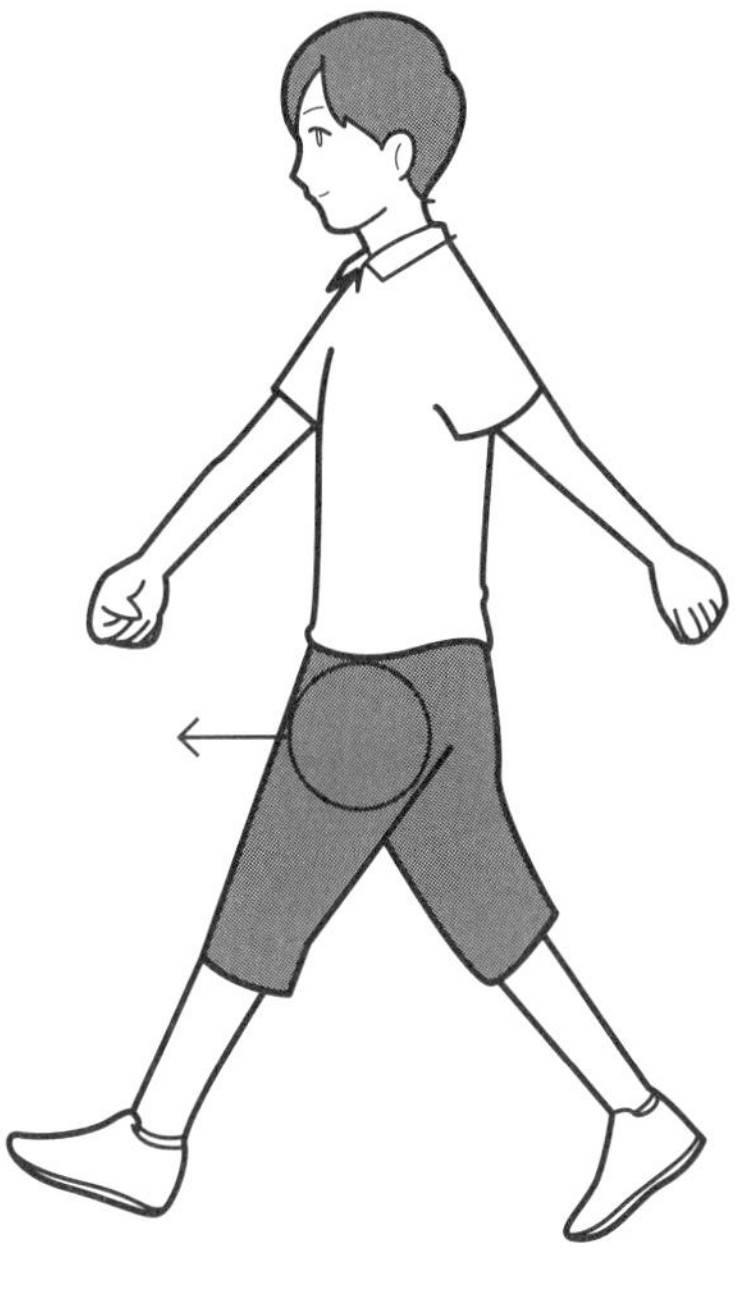

股関節を振り出して、お尻を動かし、着地時に膝と股関節が伸展する歩き方。欧米人に多いと言われています。

前ページの図では大きく2つに分けて解説しましたが、細かく見ていくと人それぞれの体型や歩き方は違うので、それぞれの体型に合った動作の手順とスキルを身につけていくことが大切です。

動物の走り方

また、少し話が逸れますが、動物の走り方にも触れたいと思います。私は仕事柄、動物の走りもよく見ているのですが、彼らの走りはまさに理にかなっています。4足歩行の動物の場合、後脚の膝の関節が人間と逆で、後ろ側に曲がるので、多少構造が違うのですが、走りの科学で必要な「股関節を伸展するスピード・着地中の膝の固定・着地位置・タイミング・軌道」の観点において、すべて理想的です。

4足で走る動物はたくさんいますが、美しいのはやはりチーターです。姿勢はもちろん、タイミングも理想的です。チーターは走るとき、足を一本一本、別々に動かしていることを知っていますか？　スピードが速すぎて前脚・後脚が一緒に動いているように見えますが、実は違うのです。

走りの専門家は、どんな走りを見ても評価ができないといけないと思うのですが、その意味では、子どもの走りはじめの頃や動物の走りは、非常にナチュラルで癖がないのがいいところです。それに対して、癖を付けてしまい、ナチュラルさを殺しているのが、実はまわりの環境で、往々にしてそれは人だったりするわけです。動物の走り方を見ることで、本来あるべき走り方というものを再認識することができます。

余談ながら、かつて競馬で圧倒的な強さを誇った「ディープインパクト」は、4本の脚が地面から離れて浮いている時間が、ほかの馬の平均値に比べて長かったというデータがあります。これは人間も同様で、接地時間が短い人のほうが速いのです。

馬も人間と同じで、走りの一歩の中に5つの局面があるのです。1フェーズ目で振りおろし、2フェーズ目で着地して、3フェーズ目で脚が体の真下を通り、4フェーズ目で体の後ろを通過し、5フェーズ目で脚が離れて、前まで運ばれます。その5つにそれぞれ評価する項目があるのです。

人間も動物も、走りの基本は同じです。強い力が発揮されるのは、物体に対して垂直な力がかかるときで、重心の真下に近ければ近いほど強い力になります。強い力はその反力が高くなるので、その発揮する時間はより短くなり、着地時間も短くなり、空中に浮く時間が長くなるのです。歩幅は大きく見えても、実際に着地している場面を見たら必ず腰の下に着地しています。

私は仕事柄歩いている人を見ても、どういう歩き方をしているのかばかりを見てしまいます。それだけに、普段歩いていても、気づくことがたくさんあります。

子どもの発達特性に合わせた走り方

速く走れていない子どもの走り

速く走れない子どもは、股関節がしっかりと屈曲・伸展できず、代わりに、膝だけを動かして走っています。つまり、膝ではなく股関節の屈曲・伸展をしなければならないのに、途中までしか脚を上げていないため、どんどん脚が後ろに流れてしまっているわけです。一方、速く走れる子どもは、大人と同様、股関節がより素早く伸展でき、足首も膝の高さを通過しています。

実は、ある2人の選手が競争する場合、股関節を伸ばすスピードを測れば、タイムを測らなくても、どちらが速くゴールするのかはわかってしまいます。それほど走りにおいては、股関節を伸ばすスピードが大切なのです。

6歳までの走り

子どもは年齢による体の成長の関係で、先に膝をしっかり屈曲させる動作を身につけさせるプロセスが欠かせません。その上で、股関節を伸ばすスピードを上げる段階に進んでいく必要があります。

子どもが走るときの脚の回転スピードは予想以上に速く、身長比に対する歩幅と1秒間の回転数は、6歳と大人では同じになります。しかし、筋力の小さな子どもの場合、膝をしっかりと屈曲させて、脚を動かす半径を小さくすることによって、脚全体を前に動かすという特性があります。そのため、膝をしっかり屈曲させる動作のプロセスは、6歳までに身につけさせる必要があります。

みなさんは、幼児期の子どもが猫背で走っている姿を見たことがないと思います。垂直に立って、みんな同じ走り方をしています。そうしていないと体を支えきれないからです。走りは、自分の体重の2倍を支えられる脚力がついて、はじめてできるようになります。

6歳までの子どもが速く走れていないのは筋力や神経系の問題なので、この時期に、「速く走れている・走れていない」の評価はしないほうがいいと思います。走るスピードや走り方よりも、より走りを楽しめるような遊びをすることのほうが大事です。

例えば、動きには、「ウォーキング」「リーピング」「ランニング」という3つの段階があるのですが、2歳くらいで「リーピング」の段階を身につけさせる必要があります。ウォーキング（歩き）とランニング（走り）のちょうど中間をリーピングと言います。2歳の子どもにリーピングをさせるには、非常にゆるやかな下り坂を歩かせることが効果的です。

そうすると、重心の水平方向への回転運動が自然に生まれます。つまり、助走がつくの

子どもに「リーピング」を覚えさせるために、ゆるやかな下り坂を歩かせます。下り坂を歩くと、自然に重心が水平方向に移動します。大人では下り坂と感じない程度でも大丈夫です。

で、スムーズにランニングへ移行しやすくなってくるのです。下り坂を歩く行為が、ランニングをするきっかけになっていると言えるでしょう。

きっかけづくりという意味では、不整地（整っていない地面）や柔らかい場所を歩かせることも有効です。不整地を歩こうとすると、自然に大きく足を上げようとするので、股関節が動くのです。砂地でもいいのですが、私はよく保護者のみなさんに「布団の上や、やわらかい場所をとにかく走らせてください」と言っています。ちなみに、布団も不整地の一種です。

6歳ぐらいまでの時期は、速さや形といった現象ではなく、走り方の本質へのアプローチを意識し、こういった遊びの要素を加えたトレーニングをするとよいでしょう。

6歳からの走り

6歳を過ぎると、どうなるでしょうか。まず大きな特徴として、姿勢の悪さなどの差が顕著に出てきます。うまく走れていない子のパターンは大きく2つあります。

①股関節がうまく使えていないパターン
②発達に伴って筋力がつき、容易に走れるようになり、猫背などになって姿勢が崩れてしまうパターン

①は前に述べた、「股関節優位の屈曲・伸展運動」ができていないということです。もう少しわかりやすく言えば、走るときに股関節が支点になっているのか、膝が支点になっているのか、ということです。6歳を過ぎたあたりの子どもの場合、筋力が弱いため膝を支点にして走っている子が多いのです。

②は、筋力が発達することで、頑張らなくても片足で自分の体重の2倍以上の力が出せるようになり、姿勢が多少崩れても、走れるようになってしまうのです。

わかりやすく言うと、さぼっても、「走る」という動作が楽にできるようになるということです。そのため楽な姿勢をとったり、猫背になってきたりすることで、地面の反発力を十分に受けられず、スピードが出なくなってしまうのです。

10歳を過ぎると、今度は腕振りの変化が問題になります。子どもの腕振りパターンには5種類あって、それぞれ年齢に伴って変化します。年齢が低いうちは、「①全然腕を振らない」、もしくは「②肘が少し曲がっている」だけです。年齢が上がるにつれて、徐々に「③肘から下にひっかくような動き」「④振るけど前だけしか振らない」「⑤前後にしっかりと振れる」へと変化します。

速く走れるパターンを知る

この時期の子どもに走りの細かな指導をすることは、ほとんど必要ありません。走りの細かな指導をすることよりも「現象」を捉え、いまどのような段階にいるのかを把握し、目指すべき方向へどう導くかという本質的な考え方が重要になります。「どう導くか」という意味では、Bad imageから指導をしてしまうと、子どもたちの走る楽しさや意欲を削ぐことになりかねません。

例えば、親が子どもに「コップを落としちゃダメですよ」と言うと、落とすイメージばかりが湧いて、むしろ落としてしまうことがあります。逆に「しっかり持っていなさい」と言うと、そのイメージがあり、落とさないで済むのです。これは指導者も同じで、Bad imageを抱いた上で、子どもに「こうしてはいけない」と言ってしまうと、徐々に、そちらの方向に行ってしまいがちなのです。つまり、「脚を後ろに流してはいけませんよ」と言うのか、「脚を大きく前に出そうよ」と言うのかでは、同じことを促しているのに、結果は大きく違ってくるのです。

「速く走れていない」子どもの現状を知ること以上に、「速く走れる」パターンを知ることの大切さを伝えたいと思っています。6歳でも足が速い子どもはいますが、その場合は、私の子どもは足が速いと満足するのではなく、もっと速く走れるということを知ってほしいと思います。要は、ゴールをどこに設定するかです。子どもはまだ身長が伸びるでしょうし、その中で、いまの走りから、少しずつ大人の走り方に変わっていくことができるのです。

青年期になると走りはどう変わるか

これまで小学生頃までの子どもの発達特性に合わせた走り方を解説してきました。ここでは、中学生、高校生などの青年期になっていくと、走り方はどう変わるかを見ていきます。

重い物を体から遠く離して持つと、結構重く感じますが、近くに持つと軽く感じます。同様に、支点からの距離が短くなると、半径が小さくなって回転速度が出ます。先ほども述べたように、子どもは筋力が弱いので、膝を小さく折りたたむことによって、脚を前に運ぼうとするのです。これがだんだん成長していくと、膝中心の動きから、股関節中心の動きになり、脚が上下動の動きから水平方向の動きへと変わってきます。

女の子の場合は、脚を上下動させないほうがいいと思っても、体の成長が遅い場合は、上下動させても問題ありません。女の子は、子どもと同様に筋力が弱いので、脚の回転方向が水平方向ではないからです。つまり、前回転ではなくて縦回転を使って自分の体を支

股関節中心の動き

股関節を動かして走るので、膝や脚が高く上がり、大きなストライドが可能になります。

膝中心の動き

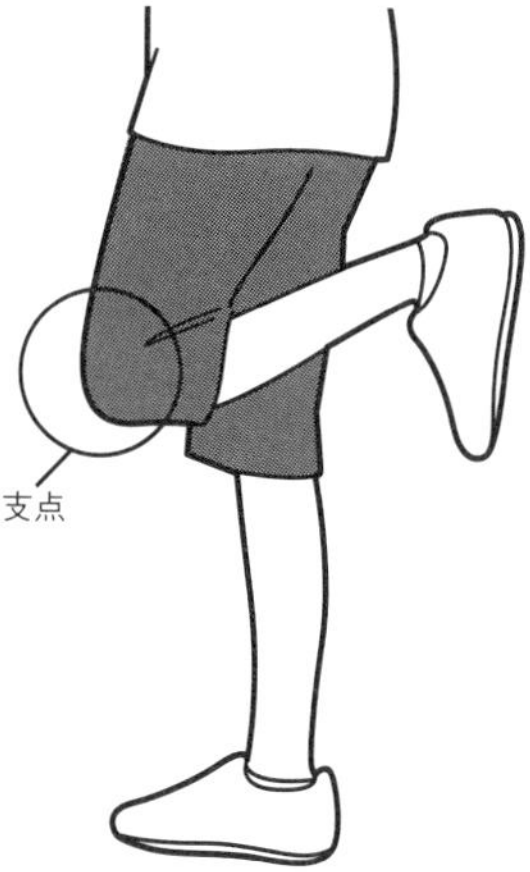

膝を曲げて走るので、脚が後方に流れます。その結果、体は上下動してしまいます。

えているのです。それを前後に回転させようとすると、小さな関節に過度の負荷がかかってしまいます。ですから、女の子のほうが上下に跳び跳ねているように走ることが多く見られますが、12歳くらいまではそのフォームのまま見守ってあげるとよいでしょう。

このように、子どもは発育、発達の過程の中で、膝を小さく折りたたむことで、筋力の弱さを補う動きをしているわけです。それが青年期になり徐々に筋力が発達することによって、膝の不必要な動きがなくなり、体全体を使う動きになっていきます。

走りの指導の一般論としては、「速い人は股関節を中心とした正しい動作で、遅い人は膝が動いている」と言われていますが、大人の走りの評価基準を子どもにそのまま当てはめないようにしてください。

走る楽しさを感じるために

まずは感じること・知ること

子どもの発育・発達に伴い筋力がついてきて、6歳頃を過ぎると、走るフォームはある程度固まってきます。その中で、走る機会もだんだんと増えていきます。

ただ、子どもたちの走りを指導する中で強く感じているのは、彼らが走ること自体に、そのおもしろさや楽しみを感じていないことです。勉強したくない子が「この漢字を10ページ書いてきなさい」と言われても、それはつらい作業に過ぎません。それに対して、漢字の好きな子どもは、漢字の美しさやおもしろさをしっかり感じながら書く学習を行うのだと思います。

やらされて走っている子どもたちは、いいフォームで走ろうと思わないでしょうし、体の動きを操作することも難しいでしょう。体を操作できていないと、もちろん速く走ることはできません。お箸も、「食べたい」と意識して操作するからうまく使えるようになるわけで、フォークをずっと使っていたら、使いこなすことができないのと同じです。いまの子どもたちの走りはフォークのようになっていて、走りの動作を意識する機会が少なくなってきているように思えます。それに伴い、教える側もまったく同じことをやっていて、走りの動作を意識できないことを提供してしまっているのです。

多くの方は、走りの評価をタイムで見ているのではないでしょうか。あくまでもタイムは結果の話です。走りを楽しんでもらえるかどうかは、第1章で述べた「4つのポイント」にどう取り組んでいくかで決まってきます。

「4つのポイント」を知ることで走りの動作を正しく評価できるようになり、意識的に姿勢を見るようになることで動作が改善され、速く走れるようになるのです。そのプロセスこそが、走りを楽しむことにつながると考えています。

言葉と一緒で、正しい意味や文法を知ったら、間違いを正しく指摘できるようになります。英語が苦手で全然わからなくても、「スピード」という単語の意味を知っていたら、会話の中でスピードが聞こえてくるはずです。そして、聞こえたらわかるようになり、わかったら話せるようになる。それと同じことです。

私の教室では、「最終的には走りの楽しみはタイムではない」という話をするまでもなく、みんなが走りの動作を意識してくれているので、1つの動作をどう高めていくかということに集中しています。

結果として、仮にタイムが落ちたとしても、残念だったなという感情になる子はほとんどいません。実際、ある程度のレベルの子に対して40分の指導をして40分後にタイムを測った場合、100人いた場合、100人全員のタイムは上がりません。ただ、タイムが落ちてしまった子でも、タイムに固執することなく、動作の改善をしようとしている。その姿勢こそが大切なことだと思っています。

「速く走る」と「長く走る」の違い

「速く走る」と「長く走る」

本書のテーマは、速く走ることです。その場合、短距離をイメージされる方が多いと思いますが、ここで、「速く走ること」と「長く走ること」の違いについて触れておきます。まず、前提として速く走るには、パワーを出さなければいけないので、長い走りとはまったく別物になると考えたほうがいいでしょう。

しかし、効率のいい走り方を身につけると、速く走れるだけでなく、当然長い距離を走ってもいい効果を得られます。効率のいい走りをするコツは、すでに述べた股関節の使い方です。また、第1章で述べた「4つのポイント」を実践することも当然含まれます。

短距離と長距離での走りの違いを考える上で、ポイントとなるのは「エネルギー」です。おおまかに言うと、次のように分けて考えられます。

①短距離：爆発的なエネルギーを出すことが「効率のいい走り」
②長距離：長く安定的にエネルギーを出し続けることが「効率のいい走り」

つまり、効率のよさも、それぞれニュアンスが違うので、短距離が速くなったから長距離も速くなるとは一概には言えません。ただ、効率のいい走りを行うための土台となるフォームを知ることは、短距離選手にとっても長距離選手にとっても共通して求められることです。言うなれば、効率のいいベーシックな走りがあり、そこからさらにスピードを出すための道のりと、さらに長く維持するための

長距離と短距離の違い

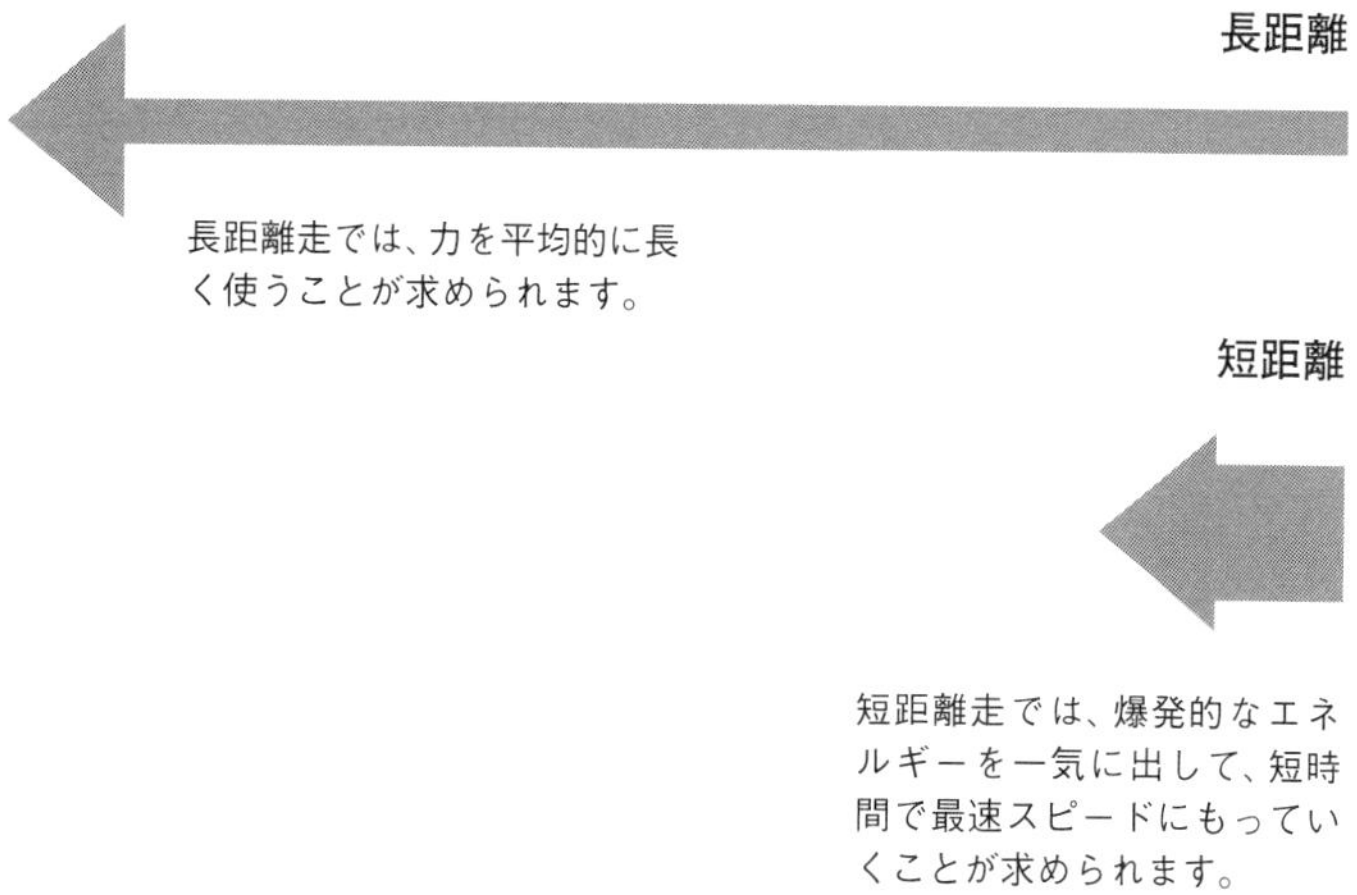
長距離
長距離走では、力を平均的に長く使うことが求められます。
短距離
短距離離走では、爆発的なエネルギーを一気に出して、短時間で最速スピードにもっていくことが求められます。

道のりと、２つに分かれていくというイメージを持つといいでしょう。

私は、短距離の選手だけでなく、１５００メートルからハーフマラソンまでの長距離選手も指導していました。その際、選手たちには、「20キロという距離を考えるのではなくて、一歩の取りこぼしをできるだけ少なくしよう。一歩一歩の積み重ねの結果として20キロ走ったという考え方を持とう」と伝えていました。つまり、一歩一歩のメカニクスをしっかり理解させて、短距離と同じようなドリルの長距離版を行ったのです。走る距離にかかわらず、一歩を正しくコントロールすることが重要なのです。ですから、ムダな走り込みは一切しませんでした。

指導の考え方を変える

日本の指導と海外の指導

日本では、美しい正しい走りをしているランナーは少なく、多くの選手が個性的な走りをしています。でも、「速ければいいのだ」と言ってしまう指導者が非常に多いのが現実です。その選手独自の走り方を修正してしまうと、フォームが崩れて、タイムが落ちてしまうというのがその理由です。しかし、人間としての体の機能を上げる結果としてタイムを上げたいのか、タイムが上がっていれば、体の機能はどうでもいいのかという疑問があるのです。私はそうしたスタイルに違和感を覚えています。

私は以前、外国人コーチから走りの指導を受けたことがあります。そのコーチは1つの動作をすごく掘り下げる方で、速く走るために、「歩き」があり、「立ち」があり、と細分化して教えてくれました。そこで私は、動作の考え方について、いろいろと学ぶことができました。

特に海外の現場では、練習メニューをプログラム化するのが得意です。「これをやったら次はこれ、それをやったら次はこれ」というプログラムが、紙一枚に理論立てて整理されているのです。ただし、この理論化されたプログラムを行うための動作に関しての「指導」は意外とシンプルで、だからわかりやすいという側面があります。

例えば、アメリカのあるコーチは、「スタートは45度の角度に出ろ。以上、終わり」だけでした。出方はどうでもいい。45度で出さえすればよいというところがあります。ゴールが明確でブレないし、評価の基準も変わらないので、それはそれでいいのかなと思います。日本の選手がそれを真似してもよいのですが、いま練習しているドリルが何を目的としているのか、その本質や哲学を知らないと意味がありません。

こうした海外の考え方はとても勉強になりました。その後、日本で指導をしていく中で、「理論やプログラムをどう指導するか」という部分が、日本ではまだ整理されていないと強く感じました。このことは、海外でよく学ばれている方が私の講習に来ていただいたときに再確認しました。彼は

「海外で学んだことはゴールだと思っていたけれど、走りをどう指導するかという点ではさらに掘り下げるところがあるのだという気づきがありました」と言っていましたので、日本と海外の指導方法の違いについては、同じ認識を持っていました。

基準をはっきりさせる

そのほかの日本の指導方法の特徴として、「基準が示されていない」ということが挙げられます。例えば「腕を大きく振って走ろう」と指導する際に、Good imageとBad imageが示されていたら、子どもたちは、きっとわかりやすいはずです。良い動作と悪い動作を比較することで自分の走りを評価できるようになり、上達につながっていきます。

また、「ここまできたらゴールだけど、ここまできたらアウトだよ」というゲーム要素を取り入れると、子どもたちはより楽しんで取り組むようになります。

ですので、私は「大きく腕を振って走ろう」と単に伝えるのではなく、「間違い探し」のゲーム感覚の形で指導しています。その際にまず、どう大きく振るのか、どこからが大きいのか、どこからが小さいのかという基準を、子どもたちに伝える必要があります。そうすると、彼らはそれを探そうとします。そして、大人が最後に答えを言ってあげると、「なるほど。そういうことか」と理解していきます。間違っても、おもしろおかしく子どもたちは楽しむのです。このような少しの工夫で、子どもたちは走る楽しさを感じられるようになるはずです。

数学の指導書には解法があるのに、運動の動作系の指導書には、「目指そう」という漠然としたイメージを示していることが多く、具体的な基準が示されていないことが多いと感じています。正しい1つの基準が示されていれば、それを満たす過程の中で、身体特性そのものが、その子のオリジナリティになります。私は基準がなければ、オリジナリティは生まれないと思うのです。

例えば運動会の徒競走では、スタートの構えが変わるだけで順位が大きく変わります。0歩目が順位を決めるといっても過言ではありません。運動が苦手な先生であってもスタート姿勢の基準を知っておく必要があります。子どものフォームに違和感を覚え、間違いだと気づけるかどうかが、重要になります。

動作をキーワード化する

私は、子どもたちを指導するときには、わかりやすいように動作の「キーワード化」をしています。例えば、腕振りの動作は「空・地面」などです。腕が上がったときに指先は空を、下がったときに地面を指すように教えると、みんなその形を目指して腕を振りますが、ただ「大きく振る」という言い方をすると、どこまで大きく振ればよいのかわかりません。また、ひっかくように腕を振ることは、子どもの特徴的な腕振りの1つですが、肩関節が動かず、肘から下しか動いていない状態です。「ひっかき振り」をしている子どもに「空・地面」と伝えると、肩が動くようになります。

その上で、今度は、子どもたちに動作の評価をしてもらうのです。私の教室では保護者の方も必ず参加するので、保護者と子どもにお互いに教え合いをさせます。例えば、お父さんが子どもに「お父さん、ちょっと間違ったね。どこが違うと思う?」と質問し、「いまのは空じゃない」と指摘させます。また、お父さんにもも上げをやってもらい、子どもに「お父さんのよかったところと、変えるべきところを教えてあげてください」と促したりします。

動作をキーワード化することによって、正しい動きを映像にしっかりと起こして、その映像と比較対象を合わせて評価するという作業をすると、今度は自分自身が「できているか、できていないか」を客観的に見ることができ、俯瞰して評価する段階になっていくのです。

そういう意味では、いま学校で導入されているICT（iPadなど情報通信ツールを使いながら授業をすること）には、有効な面もあります。ただ、基準をどこにどう置くかが肝心です。iPadを使うことで終わってしまっては、意味がありません。「見て。ほら、ボルト選手はこうやって走っているよ。大きく腕も振って、いい動きだね」と言うのではなく、「ボルト選手も腕振りは『空・地面』になっているよね。足首は膝の位置を通っているよね」とキーワードを交じえて教えます。そうすると、子どもたちも、気づきが増えてくるのです。

「空・地面」以外にも、スタートの姿勢で例を挙げてみましょう。ここでのポイントは「前傾姿勢」になるのですが、「軽く前傾して」と言われても、おそらく大人でも、どの程度傾ければよいかわからないでしょう。「ここまで傾けたらいけませんよ」「これくらいの傾きならグッドですよ」とい

言葉のキーワード化

例）腕振り
「空・地面」

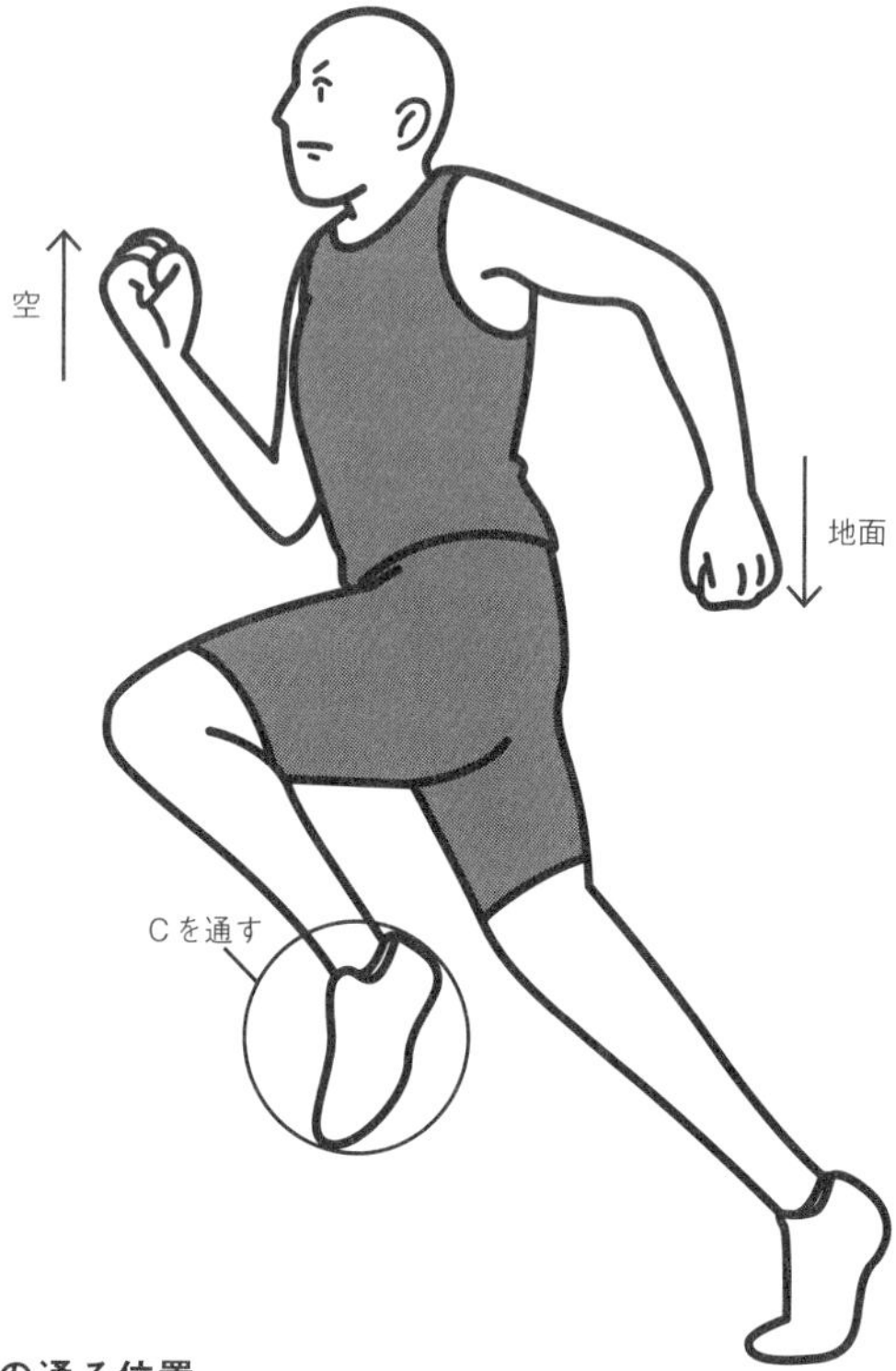

例）足の通る位置
「Cを通す」

子どもたちには、ボルト選手のような一流の選手の走りを見せながら、「空・地面」「Cを通す」といったキーワードを伝えます。そうすることで、気づきが増えてくるのです。

う指標があればわかりやすいはずです。

キーワードを使えば、もっと伝わりやすくなります。「軽い前傾」の場合、「上半身から下半身にかけて1カ所直線をつくってくださ い」と言うと、前傾姿勢が正しくできてしまうのです。上半身から下半身にかけて直線ができると、これが前傾になり、正しい姿勢につながります。

やることをシンプル化する

学校の部活動など、走りのクオリティを上げる段階までいくと、「どんな練習を選択すべきか」というオプションを持っていることが重要になります。しかし、現実には、その

軽い前傾の姿勢(左)の状態から、「上半身から下半身にかけて1カ所直線をつくってください」と声をかけます。すると頭からかかとまでが一直線になる姿勢(右)ができあがります。これが前傾になり、正しい姿勢につながります。

オプションをほとんど持っていないという学校を多く見てきました。そのため、子どもの指導に携わる方が私の指導の現場に来たとき、目指すべき目標と「どうやって動作をつくるのか」のポイントと評価を明確にしている点に驚かれていました。目標が曖昧で、動きのポイントやその評価について指導者がしっかりした考えがなく、ただひたすら練習を繰り返していると「4つのポイント」が、だんだん意識できなくなってしまいます。私の指導の中でも、「4つのポイント」への意識が薄くなっている選手に対して、ポイントを再度明確にしたり、ポイントを1つに絞ったりするさまざまな練習オプションを持っています。

さらに、選手が練習をする中で「疲れてきたときにどうするか」ということも大事な点になります。よくない動きというのは選手自身の記憶に残ってしまうので、指導者はよく、「しんどくなったときに、いい動きをしろ」と言います。ですが、いい動きをするためにどうしたらよいのか、ということ自体を選手たちがわからないと、できるわけがありません。

逆に言うと、そこがわかっていたら、例えきつい練習であっても、もっと実践的な練習ができるのです。

疲労がたまってくると、思考する力が働かなくなります。そのため、ここでもどう思考させるかというオプションをつくることが大切です。選手が「きつい」という感情に流されずに、それを遂行するために何を選択するかという環境や習慣をつくってあげることが大切です。

思考力が低下した状態になると、「意識すること」を選ぶ作業がしんどくなってきます。そのため、「意識すること」を切り捨てる作業が重要になります。何を意識せず、何を意識するのかを見極める能力をつけさせることが、動きの再現性を高めることにつながっていきます。しんどいときのいいプレーは、そこにあります。しんどいのに10個やろうとする必要はありません。これだけできれば自分は動けるとわかっていれば、それだけやるからすごくシンプルでいいプレーができるということです。

— 第2章 —

チェックポイント

チェック1 0歳～6歳までの走り

☑ 非常にゆるやかな下り坂を歩かせる……………▶P.51

チェック2 6歳～12歳の走り

☑ うまく走れていない子のパターンを理解する…▶P.52

☑ 腕振りの5つのパターンを理解する……………▶P.54

チェック3 青年期の走り

☑ 膝中心の動きから股関節中心の動きへと変化する
……………………………………………………………▶P.56

チェック4 走ることを楽しませる指導

☑ Good imageを伝える ……………………………▶P.54

☑ Good imageとBad imageを両方見せて、
比較させる ………………………………………▶P.66

☑ 動作をキーワード化する………………………▶P.68

第3章

走りの練習メソッド

ここでは、4つのポイントをマスターしていくためのトレーニングを、6種類14パターンにまとめました。このトレーニング方法を実践・マスターして、あなたのパフォーマンスを最大限に引き出してください。

「走り」の基本姿勢

「勝ちポジション」と「勝ちライン」を意識する

まず、速く走るために重要な「基本姿勢」を身につけましょう。へそとみぞおちのライン、つまり「勝ちライン」を意識して、いろいろな方向に動いてみます。この距離が短いと、猫背になってしまうので、へそとみぞおちを引き離すイメージでよい姿勢をキープしましょう。

同時に、足の裏の体重移動を意識します。足の指先まで体重をしっかりかけましょう。これが、「勝ちポジション」です。そして、かかとからつま先までしっかりと体重が移動するように、ぐいぐいぐいというイメージを持って歩いてみましょう。歩く場合は「負けポジション」から着地し、「勝ちポジション」へ移行します。できるだけ早く「負けポジション」から「勝ちポジション」へ移行し、長く「勝ちポジション」でいられるようにしましょう。「勝ちポジション時間」の割合が長くなるように意識してください。

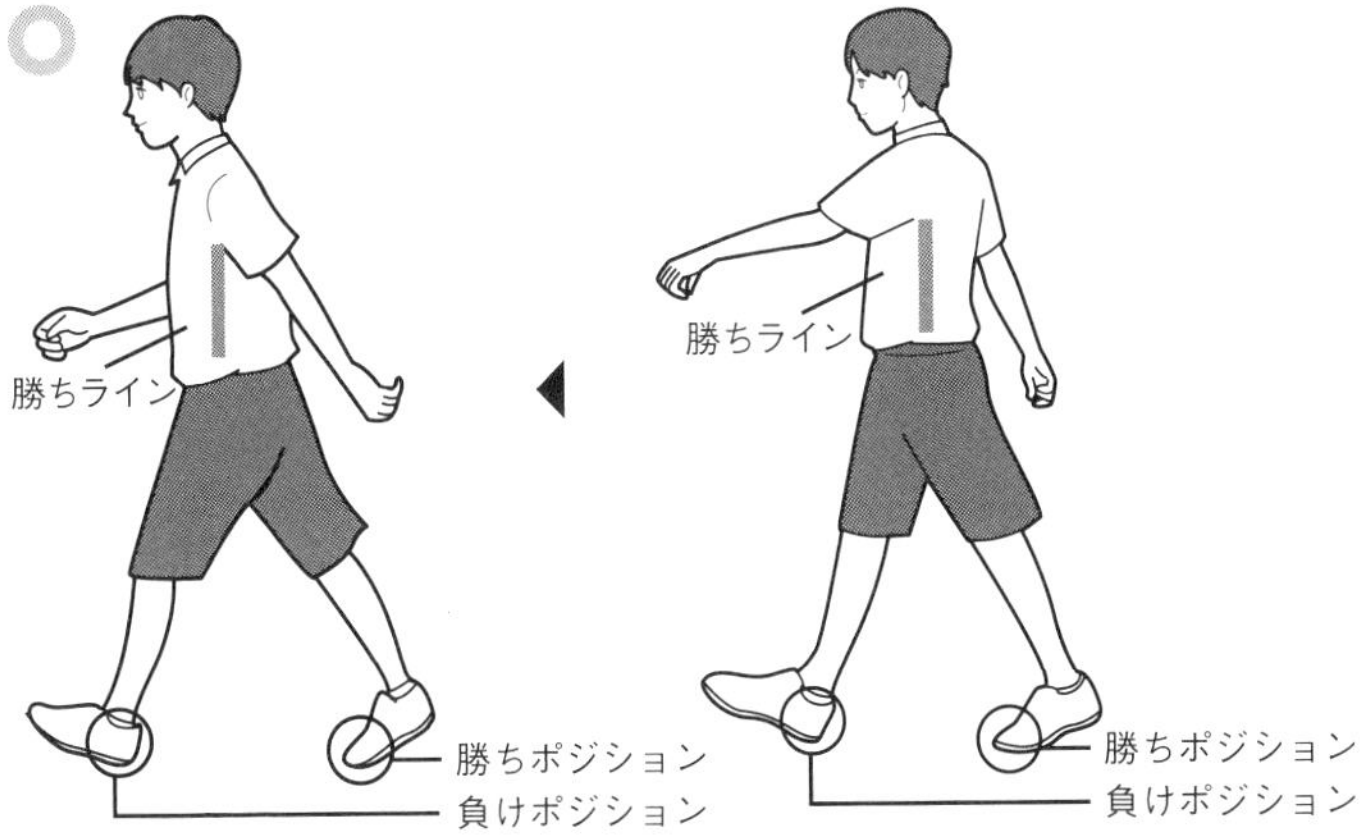

勝ちラインを意識して、前にゆっくり歩きます。負けポジションで着地し、勝ちポジションへ移行します。できるだけ勝ちポジションの時間を長くすることがポイントです。

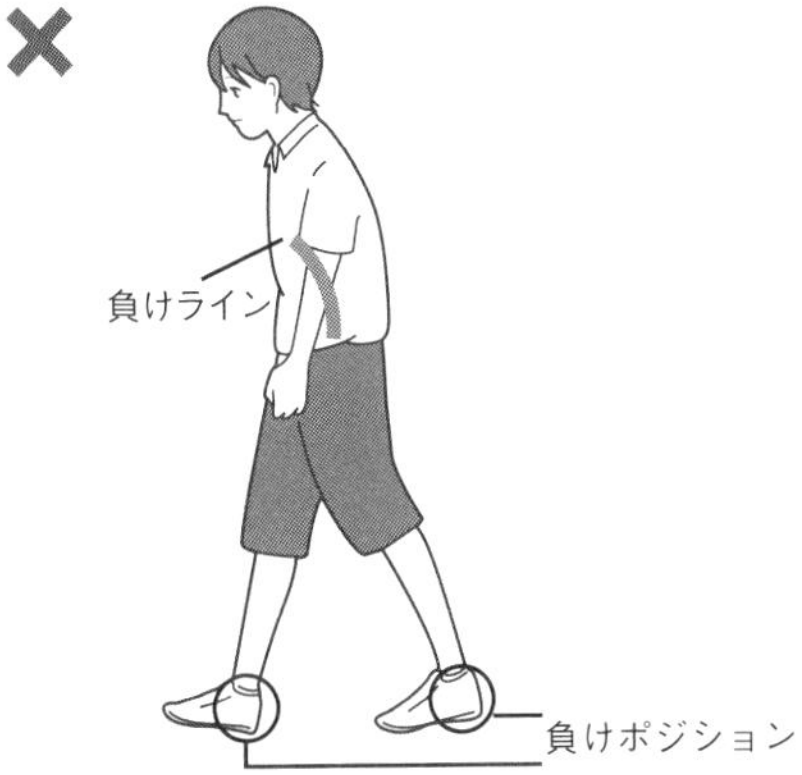

負けラインになってしまうと、負けポジションの時間が長くなってしまいます。

POINT

❶ 勝ちライン
❷ 勝ちポジション
❸ 勝ちポジション時間を長くする

ストローク（腕振り）

腕振りと長座腕振り

　速く走るためには指先が「空と地面」となるように腕を振りましょう。指先が「前・後」になると肘から下しか動きません。「空と地面」となるように振ると肩から腕を動かすことができます。

　さらに、動作の部品と動かし方を身につけるため、長座して腕振りを行うのもよいでしょう。長座をして腕を振ることで、肩が動いているぶん、しっかりとした肩甲骨中心の腕振りを覚えることができます。ポイントは「勝ちライン」の状態をキープすること。そして「空と地面」を意識し、勢いよく腕を振ること。安定した姿勢の中で行うことが重要です。その際、肘から下が伸びた指先が「前・後ろ腕振り」にならないよう注意しましょう。

　強く振ってタイミングが合ってくると、お尻がポンポンと弾んで地面からの反力を感じることができます。このようにリズムが出てくると、実際の走りに近い動きになっていると言えます。

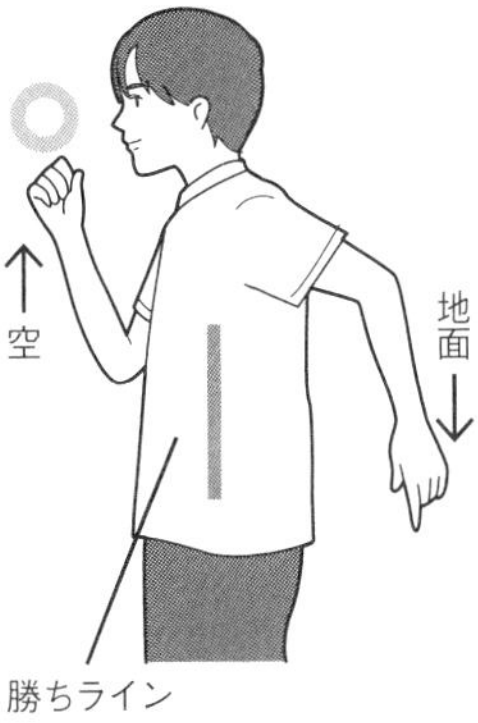

勝ちラインを意識して、前の手を空、後ろの手を地面に向けて腕を振ります。肩から腕を動かすことを意識します。

長座して腕を振ることで、肩甲骨中心の動きを身につけることができます。

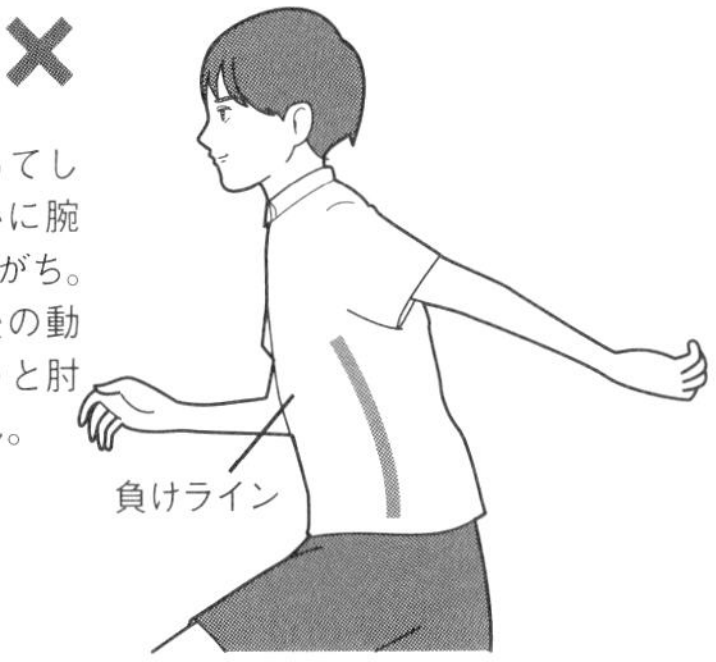

負けラインになってしまうと、肘を中心に腕を振る動きになりがち。また、指先が前後の動きになってしまうと肘しか動かせません。

POINT

❶ 勝ちライン
❷ 指先を「空と地面」に向ける
❸ 「空と地面」のタイミングを合わせる

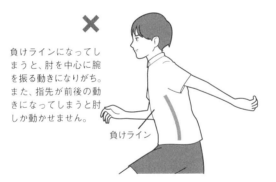

脚のスイング

膝伸ばしスイング

このトレーニングは、股関節の柔軟性・可動域を高めるとともに、スピードを高めるために必要な股関節の屈曲・伸展を意識し、走りの動きに移行するトレーニングの要素を含んでいます。ポイントは、勝ちラインを意識し、「みぞおちから下が脚だ」というイメージを持って前後に動かしていくことです。その際に、勝ちラインが崩れたり、負けポジションになってしまったり、過度なつま先重心になったりしないように、バランスよく前後に大きく動かします。子どもの場合は、支えを持ってトレーニングするのも1つの方法です。

「勝ちライン」を保持して、膝を伸ばして、脚を前後に大きくスイングしていくことによって、地面に着地している支持脚の足の裏に体重移動が生じます。このとき、前にスイングすると「勝ちポジション」、後ろにスイングすると「負けポジション」になります。

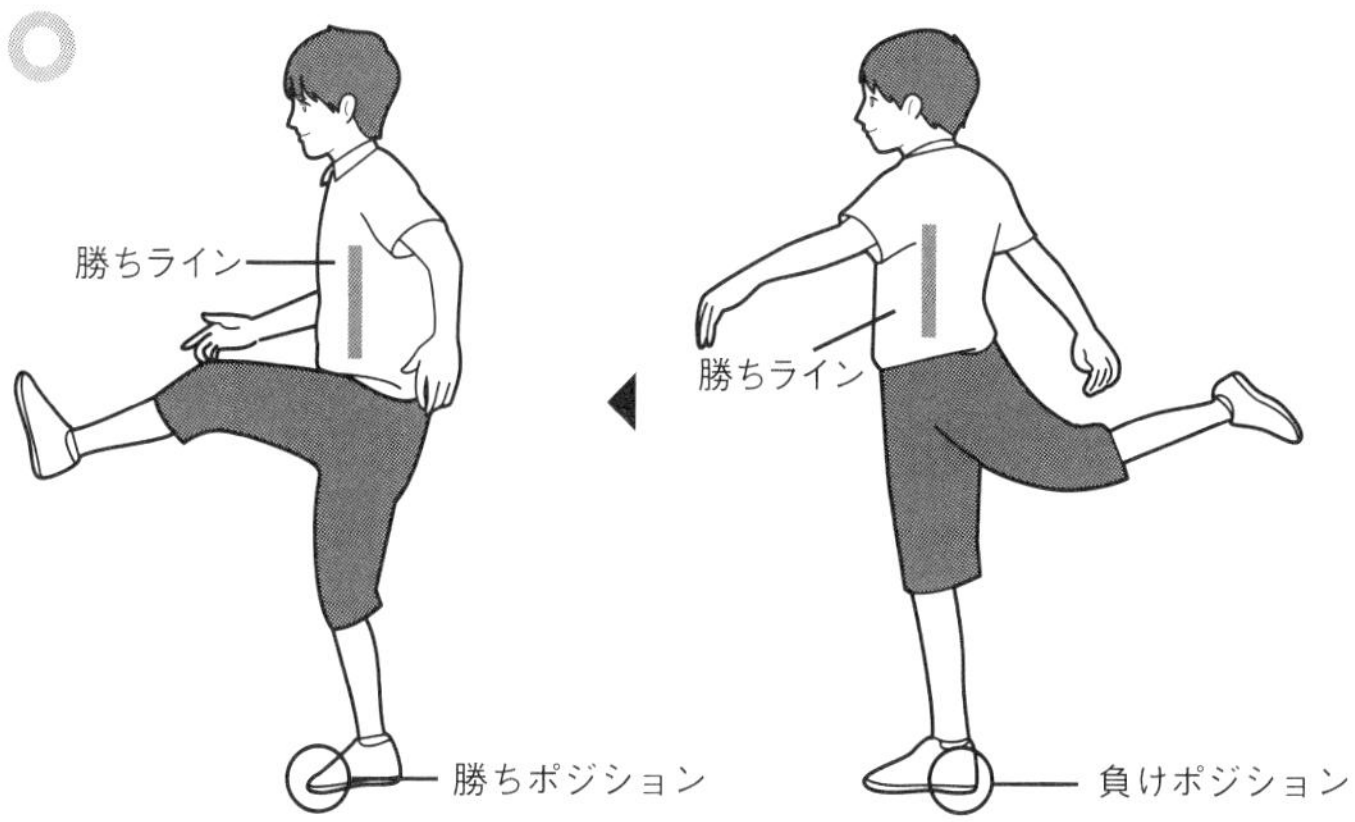

勝ちラインを意識して、膝を伸ばした状態で脚を前後にスイングします。支持脚の足の裏は、前にスイングするときは勝ちポジション、後ろにスイングするときは負けポジションになります。

負けラインになってしまうと、大きく脚をスイングすることができず、支持脚が常に負けポジションになってしまいます。

POINT

❶ 勝ちライン
❷ 勝ちポジション・負けポジションの体重移動
❸「みぞおちから下は脚」という意識を持つ

膝曲げスイング

膝曲げスイングは、膝伸ばしスイングを、よりスプリントの形に近づけて行うものです。スイングする脚の膝を90度に曲げて、前後にスイングしていきます。

スイングの際に、スイングする脚の膝の角度が開いてしまったり、前だけのスイングになったりしないように前後に大きく動かすことを意識しましょう。膝の角度を保持することで、前述した股関節型の動きを学び、股関節中心の走りができるようになります。

スイングする際、支持脚の動きは、前にスイングするときは「勝ちポジション」、後ろにスイングするときは「負けポジション」になります。これを意識することで、支持脚に効果的な負荷をかけることができます。

ポイントは、「勝ちライン」で姿勢を安定させたまま、スイングする膝の角度を90度にして、より疾走に近い形でスイングすることです。つま先が外に開いてしまわないように、真っ直ぐ前後に大きく動かすことを意識します。前だけではなく、後ろにも大きくスイングします。

子どもの場合は、動きが大きくなってくると、「勝ちライン」が崩れることがあるので、注意してください。

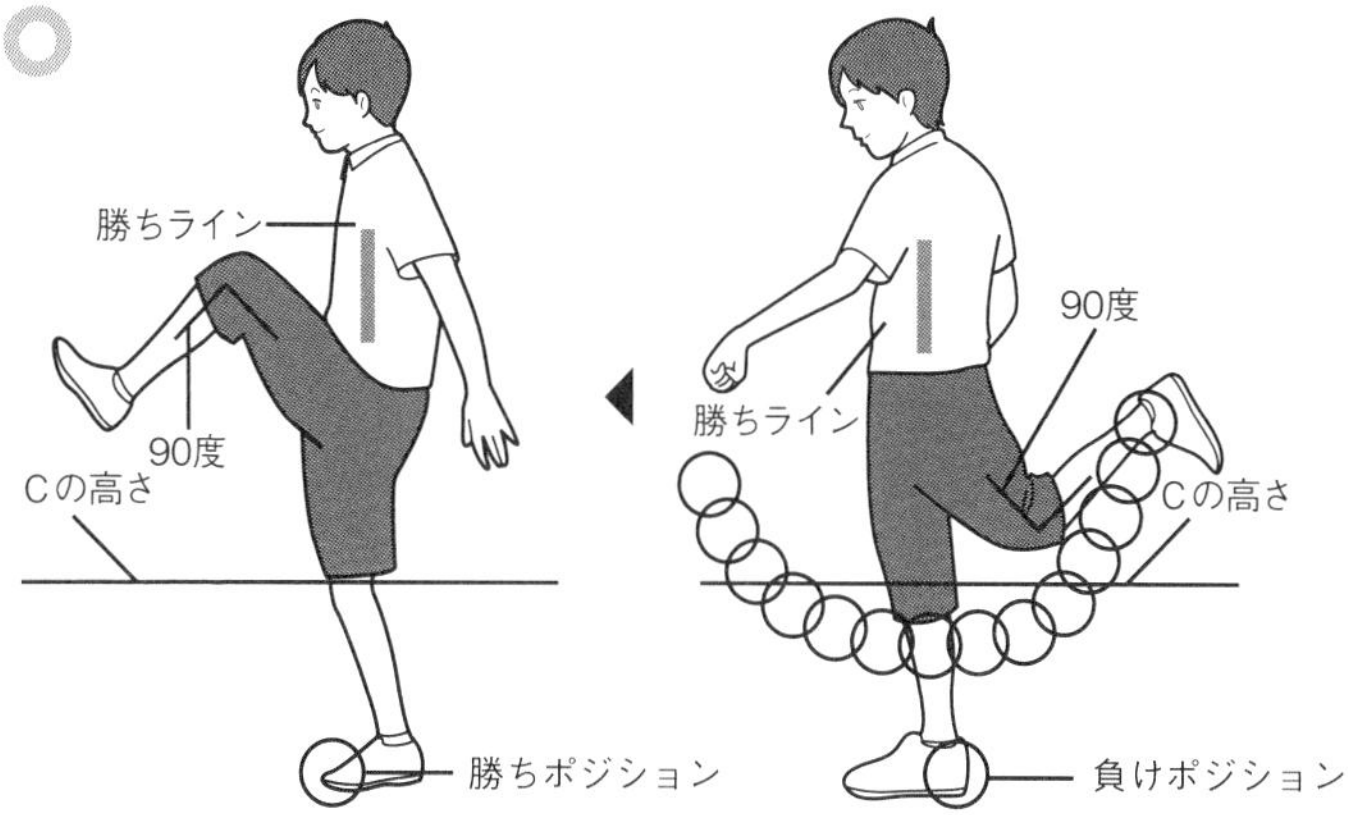

勝ちラインを意識して、膝を90度に曲げた状態で、脚を前後にスイングします。支持脚の足の裏は、前にスイングするときは勝ちポジション、後ろにスイングするときは負けポジションになります。スイングする脚は、Cを通すことを意識しましょう。

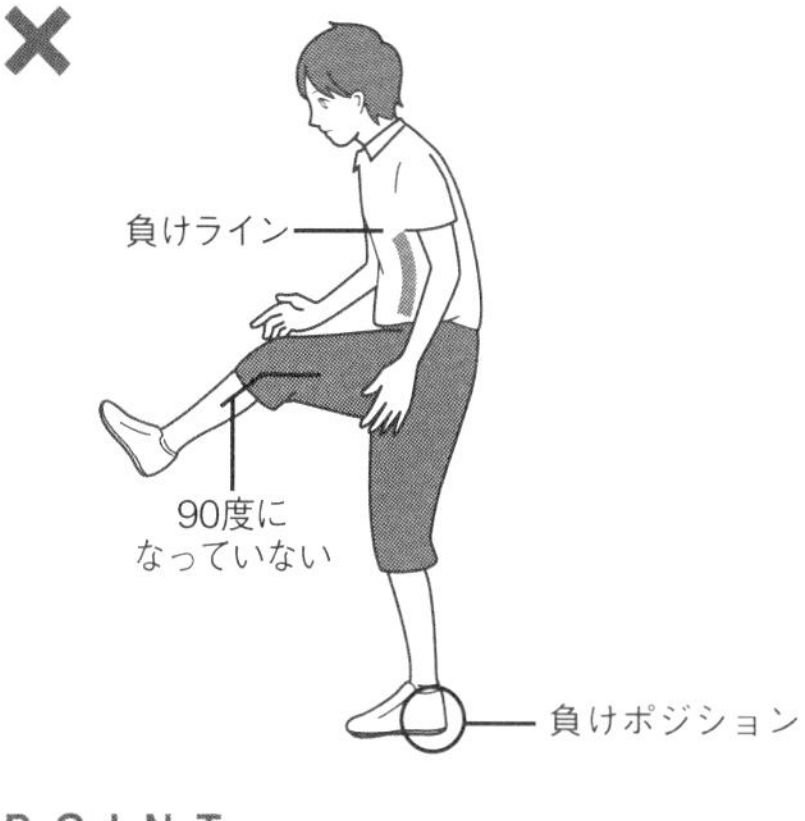

負けラインになってしまうと、大きく脚をスイングすることができず、支持脚が常に負けポジションになってしまいます。また、膝の角度が90度になっていないとCを通すことができません。

POINT

1. 勝ちライン
2. 勝ちポジション
3. 膝の角度をキープし、股関節型へ
4. スイングする脚はCを通す

ウォールドリル

さらに疾走に近づけるべく、若干の前傾姿勢の状態で効率よく走るために必要なトレーニングをします。これは、股関節中心の屈曲・伸展を獲得することが目的です。

まずは、壁に手をつき、地面をしっかり押すイメージで「勝ちポジション」をつくり、片方の脚を上げます。このときに、上げている脚は、つま先が下を向いてしまわないように、「足の裏と地面を平行にする」ことを意識して、足首をしっかり固定しておきます。そして、基本姿勢を保持しながら、片脚のみ上げ下げを繰り返します。慣れてきたら、1歩ずつゆっくりと入れ替えましょう。そして、少しずつ素早く入れ替えるようにします。その際に上に跳ねてしまうことがないように、頭の高さの位置があまり変わらないように気をつけます。2歩ができるようになったら3歩、4歩と連続で行います。ポイントは、勝ちラインから勝ちポジションにすること。頭から腰、足首、この体のラインが一直線になるように意識をします。目線が下がり過ぎないようにして、積極的に前方へ脚をスイングしていきます。

また、膝の横をかかとが通るようにする、つまり「Cを通す」ことで、実際の走りに近い動きができます。動作を理解したら、部品を合わせるタイミングを意識しましょう。

郵便はがき

料金受取人払郵便

本郷局
承認

3601

差出有効期間
2022年２月
28日まで

1 1 3 8 7 9 0

東京都文京区本駒込5丁目
16番7号

東洋館出版社
営業部 読者カード係 行

ご芳名	
メール アドレス	@ ※弊社よりお得な新刊情報をお送りします。案内不要、既にメールアドレス登録済の方は右記にチェックして下さい。□
年　齢	①10代　②20代　③30代　④40代　⑤50代　⑥60代　⑦70代～
性　別	男　・　女
ご職業	1. 会社員　2. 公務員　3. 教育職 4. 医療·福祉　5. 会社経営　6. 自営業 7. マスコミ関係　8. クリエイター　9. 主婦 10. 学生　11. フリーター　12. その他(　　　)
お買い求め 書店	

■ご記入いただいた個人情報は、当社の出版・企画の参考及び新刊等のご案内のために活用させていただくものです。第三者には一切開示いたしません。

Q ご購入いただいた書名をご記入ください

（書名）

Q 本書をご購入いただいた決め手は何ですか。

（　　　　　　　　　　　　　　）

●お買い求めの動機をお聞かせください。

1. 著者が好きだから　2. タイトルに惹かれて　3. 内容がおもしろそうだから
4. 装丁がよかったから　5. 友人、知人にすすめられて　6. 小社 HP
7. 新聞広告（朝、読、毎、日経、産経、他）　8. WEBで（サイト名　　　　　　）
9. 書評やTVで見て（　　　　　　）　10. その他（　　　　　　）

Q 本書へのご意見・ご感想を具体的にご記入ください。

Q 定期的にご覧になっている新聞・雑誌・Webサイトをお聞かせください。

Q 最近読んでおもしろかった本は何ですか?

Q こんな本が読みたい! というご意見をお聞かせください。

ご協力ありがとうございました。頂きましたご意見・ご感想などをSNS、広告、宣伝等に使用させて頂く事がありますが、その場合は必ず匿名とし、お名前等個人情報を公開いたしません。ご了承下さい。

社内使用欄　回覧　□社長　□編集部長　□営業部長　□担当者

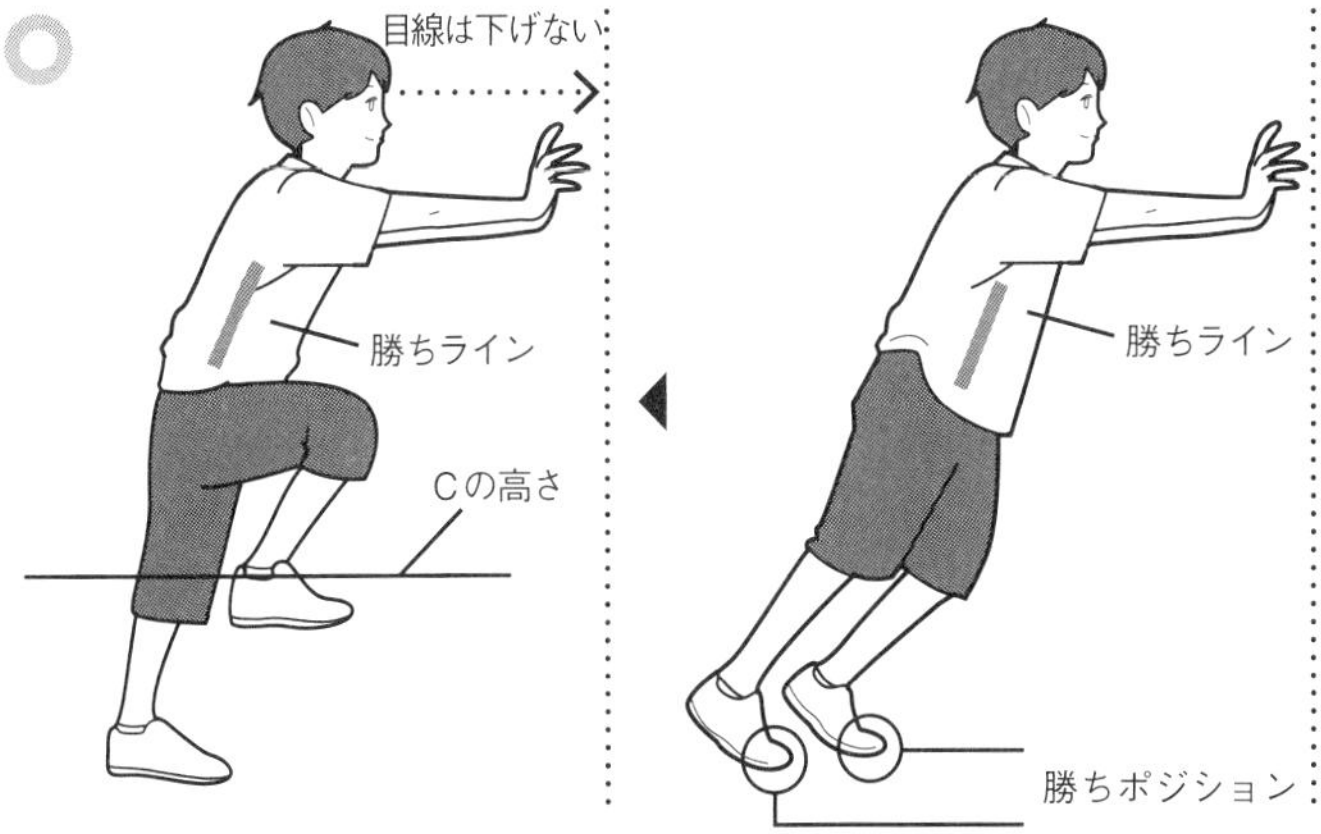

壁に手をつき、勝ちライン・両足勝ちポジションの状態で、片方の脚を上げます。脚を上げたとき、かかとはCを通します。また、頭から腰、足首のラインが一直線になるように意識します。

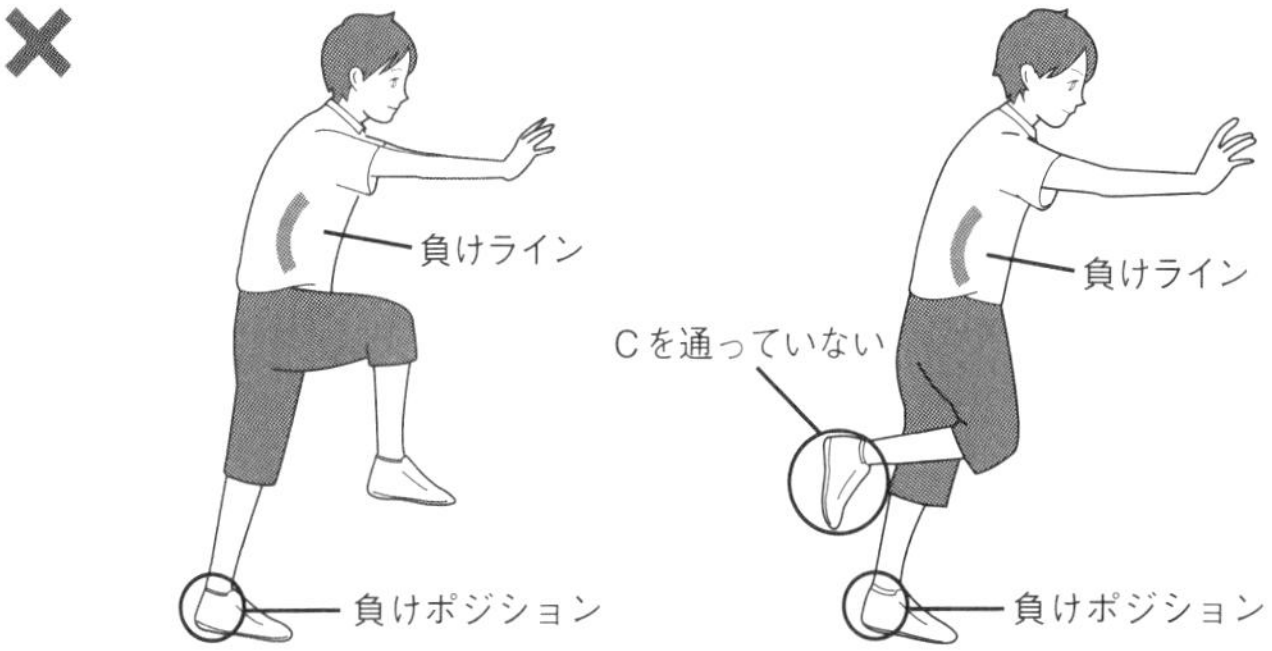

脚が前に大きく出ていたり（左）、後ろに大きく出ていたり（右）すると、Cを通すことができません。

POINT

❶ 勝ちライン・勝ちポジション
❷ 1.を保持して、Cを通す
❸ Cを強く通したときに、勝ちラインと勝ちポジションを保持する

スプリントの準備

Cステップ

Cステップは、実際の疾走の動きを片脚だけ切り取って、そのタイミングを身につけることが目的です。勝ちライン、勝ちポジション、Cを通す、空と地面を流れの中ですべて扱うことになります。ポイントは、ステップをしながら4つのポイントを着地のタイミングで合わせることです。左脚を支持脚にし、右脚でCを通すようなステップを行います。両脚で交互にCを通すと、いわゆるもも上げの動作になりますが、ここでは片脚ずつ行っていきます。先ほど挙げた4つのポイントのタイミングを意識し、前方向に脚をしっかり出していきましょう。

慣れてきたらこの動きに、少しピョンピョン跳ねるようなリズムを入れてみるのもよいでしょう。腕振りの「空と地面」のタイミングを強調するとより実践しやすくなります。子どもの場合、連続して続けると支持脚の膝が曲がってくることが多いので、注意してください。

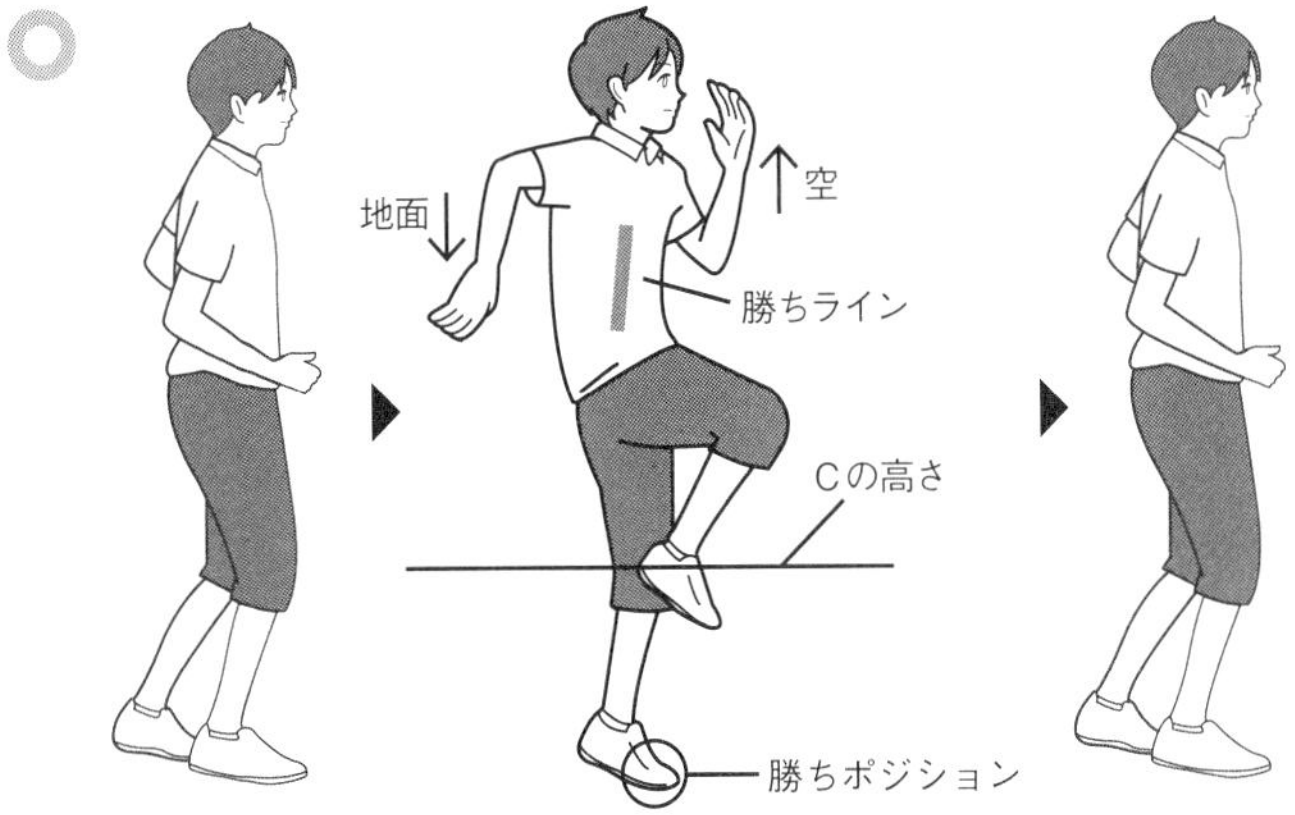

その場でステップを踏みながら、片脚を上げます。支持脚が着地する瞬間に、勝ちライン・勝ちポジション・Cを通す・空と地面のタイミングを合わせることを意識します。

負けライン、負けポジション、Cを通っていない状態。

POINT

1. 勝ちライン・勝ちポジション
2. Cを通す
3. 腕振りは「空と地面」
4. 着地と4つのポイントのタイミングを合わせ、慣れてきたらリズムを入れる

ニーアップダウン

ニーアップダウンは、Ｃステップ（Ｃを通す動き）を両脚で行い、よりスプリントの形に近づけて、スプリントのタイミングで行うものです。見た目は、膝を高く上げるもも上げのような形になります。Ｃステップと同様、勝ちライン、勝ちポジション、Ｃを通す、空と地面を一体的に行っていきます。

ポイントは、接地する際にすべてのタイミングを合わせることです。Ｃステップと違い左右交互に脚を動かすので、指導する際はそのタイミングをチェックしてください。上半身が後傾したり、前屈したりしないようにキーワードを意識し、指導者は実際に動作の最中にキーワードをリマインドさせて動作をコントロールしてください。また、通常のランニングの中でスイングスピードを特に意識して行う発展形が、スピードニーアップダウンです。ニーアップダウンはその場でのドリルですが、スピードニーアップダウンは前に進みながら行います。両脚ピックアップを、同じ時間内で回転数と歩幅をより増やすというイメージです。ポイントは、脚を上げるだけでなく、下ろすスイングスピードも速くなるように意識することです。全体の動きが速くなると動作が小さくなりがちなので、腕を大きく速く、前後に振ることを意識してください。

○

その場でステップを踏みながら、両脚を交互に上げます。支持脚が着地する瞬間に、勝ちライン・勝ちポジション・Cを通す・空と地面のタイミングを合わせることを意識します。

脚を上げるだけでなく、下ろすスピードも速くすることを意識します。慣れてきたら、通常のランニングの中で行うスピードニーアップダウンに取り組んでいきます。

×

負けライン・負けポジションになってしまい、Cを通すことができていない状態。

POINT

1. 勝ちライン＆勝ちポジション
2. Cを通す
3. 腕振りは「空と地面」
4. ４つのポイントのタイミングを合わせ、慣れてきたら少しずつ前へ進んでみる

ジャンプ

リバウンドジャンプ

スピードを高めるには、地面との接地時間を短くすることが重要です。そのためのトレーニングとして、リバウンドジャンプを行います。見た目はその場で繰り返すジャンプですが、リバウンドジャンプでは、接地時間をできるだけ短く意識してジャンプをしていきます。

着地時は、膝、足関節の角度が大きく変わりすぎないように固定して、力まず、真上に向かって跳ぶことをイメージしましょう。縄跳びを跳ぶように一回、一回、連続して地面から反発を得るようにします。ポイントは、勝ちラインと勝ちポジションを意識しながら、腕を使ってタイミングを合わせることです。かがみ込む際は、膝、足首、股関節が曲がった状態＝トリプルフレクションになっているかをチェックしましょう。また負けラインになっていたり、足が負けポジションになっていたりすると十分な効果を得られないので、注意してください。

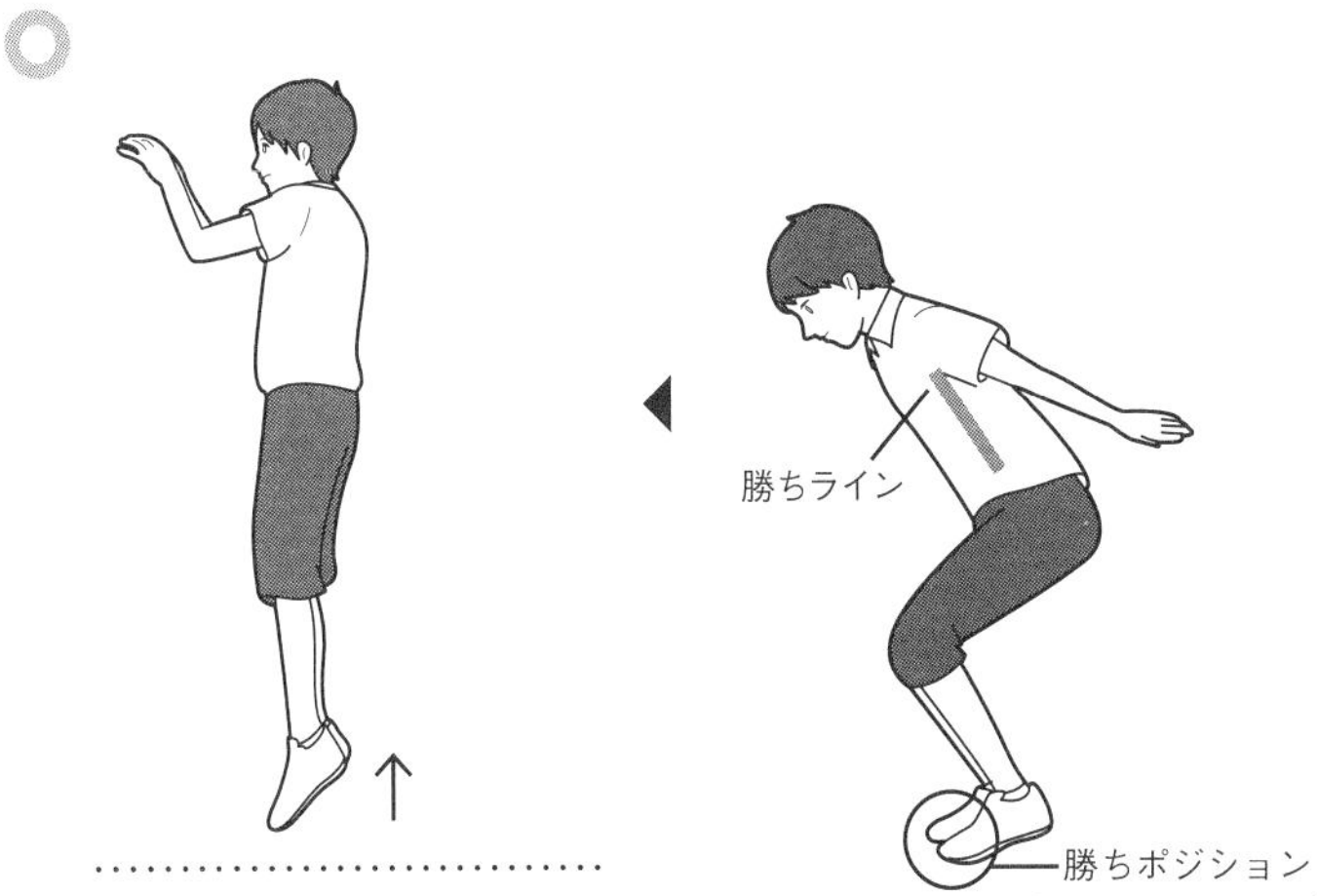

地面との接地時間をできるだけ短くすることを意識してジャンプします。ジャンプする際は、膝を真っ直ぐに伸ばして、真上に跳ぶことをイメージします。

負けライン、負けポジションになってしまうと十分な効果を得ることができません。

POINT

❶ 勝ちライン・勝ちポジション
❷ 短い接地時間を意識する
❸ 腕でタイミングをとる

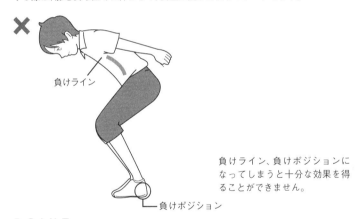

垂直ジャンプ

　さきほどのリバウンドジャンプに股関節を大きく動かす動きを付け加え、上方向へよりダイナミックな動きをしていきます。上方向へのジャンプは加速能力と関係しています。ポイントは、上半身は「勝ちライン」で姿勢を安定させることと、すねを地面に対して垂直に立てることです。このあと実際に抱え込む必要はありませんが、空中で膝を抱えるようにジャンプします。

　着地は勝ちポジションを意識し、着地のタイミングに合わせて腕を大きく使うようにしてください。指導の際は、4つのポイントとそのタイミングに注目しましょう。

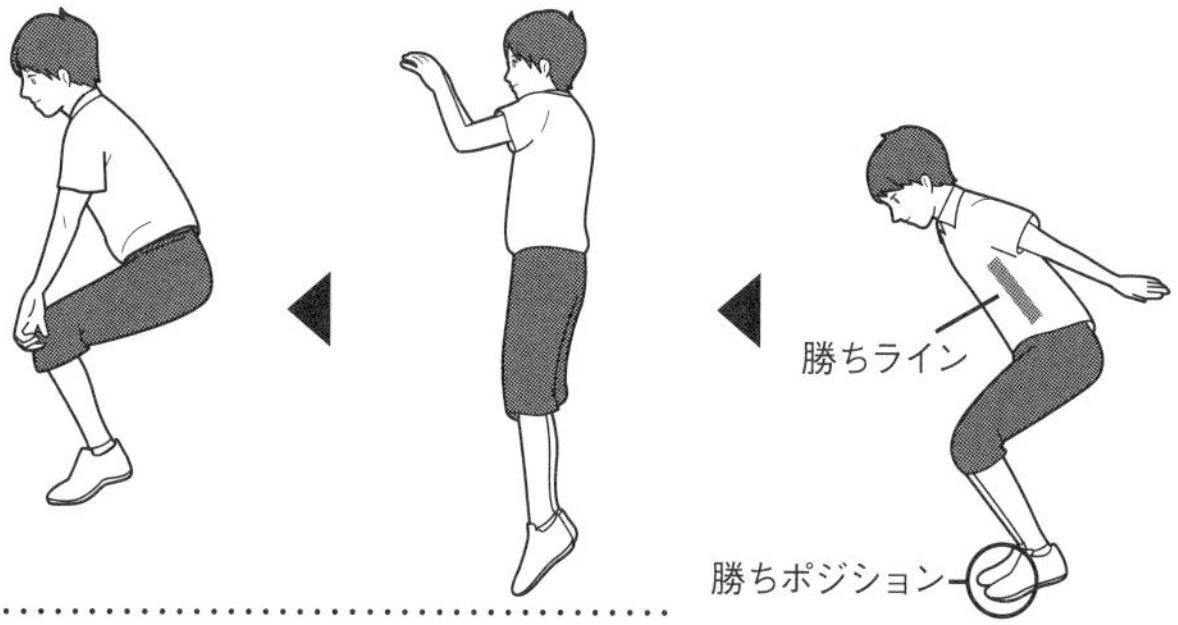

股関節を大きく動かすことを意識して、上方向に大きくジャンプします。空中では、すねを地面に対して垂直に立て、膝を抱えるような動きを行います。

POINT

❶ 着地・空中姿勢で勝ちライン
❷ 着地は勝ちポジション
❸ すねを地面に対して垂直に立てる

水平ジャンプ

上方向のジャンプから、前方向のジャンプに切り替えていきます。前方へジャンプする力は走りの最高速度と関係しています。その力を鍛えるためのジャンプが立ち幅跳びです。

ポイントは、上半身は勝ちラインと足は勝ちポジションにすること。腕を大きく使い、股関節を伸ばすスピードと、腰の移動スピードを意識することです。ジャンプの際は、大きく腕を振って、体を小さくして、大きく前に跳びます。慣れてきたら、沈み込んでからジャンプするまでの時間を、できるだけ早くすることを意識しましょう。

腕を大きく振ることを意識して、前方向に大きくジャンプします。ジャンプの際は、腕を大きく振って、体を小さくして、大きく前に跳びます。

POINT

❶ 勝ちライン・勝ちポジション
❷ 股関節を伸ばすスピードを意識する
❸ 腕を大きく使う

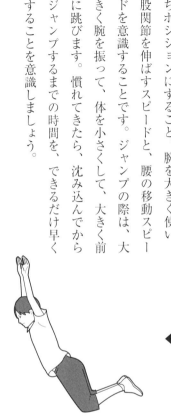

スキップ

スキップには、スプリントの要素が非常に多く含まれます。スキップには「高いスキップ」と「速いスキップ」の2種類があります。この2つはスプリントの動作も加えて行うもので、見た目はどちらも、大きなスキップと言えるでしょう。

まず、高いスキップで重要になるのが、腕振りです。腕は上下に、積極的に動かしていきましょう（速いスキップの場合は、前後方向に動かします）。ジャンプした際に、腕をしっかりと振ることで、前への推進力が生まれます。腕をしっかりと使わず、脚の力だけで高く跳ぼうとすると、一回一回のジャンプで余計なパワーを消耗してしまいます。

スキップの着地は「負けポジション」でいいので、そこから素早く、「勝ちポジション」へ移行します。この移行をできるだけ素早く行うことを意識します。勝ちライン、Cを通す動きは、スプリントと同じように行っていきます。速いスキップで注意したいのは、スピードが上がることで姿勢が悪くなってしまうことです。速い動きをしながらも、真っすぐな姿勢をキープすることが大事です。頭がグラグラしたり、腕と脚の動きがバラバラになったりしないように、指導者はGood imageを伝えることを意識しましょう。

○

腕を前後に大きく振りスキップをします。このとき勝ちライン・Cを通すことを意識して、負けポジションから勝ちポジションへの移行を素早く行います。

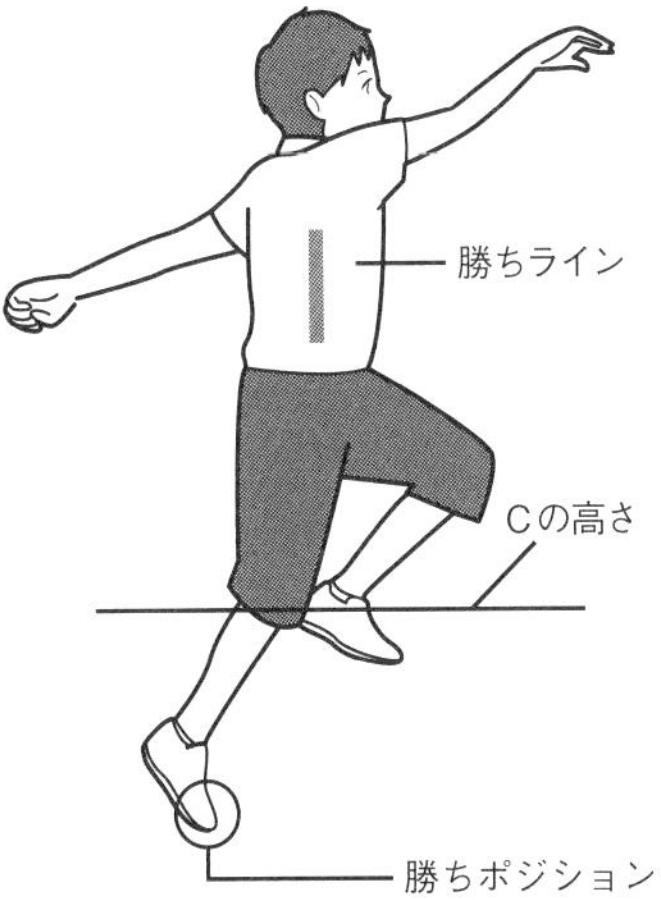

×

スピードを上げると姿勢が悪くなり、負けラインになったり、負けポジションの時間が長くなってしまったりするので注意しましょう。

POINT

❶ 勝ちライン
❷ 勝ちポジションの時間を長くする
❸ 腕は上方向へのスキップでは上下に、前方向へのスキップでは前後に大きく動かす

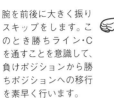

スタートダッシュとゴールフィニッシュ

スタートダッシュ0歩目

スタートダッシュ0歩目は、次の1歩目を決定づける重要な要素です。スタートダッシュの構え（0歩目）は、足首・膝・股関節の3つの関節をしっかりと曲げます（トリプルフレクション）。急加速をする場合、人は必ず、両脚の3つの関節が屈曲しなければ、前方へ飛び出すことはできません。例えば、2つしか曲げていなかったとしたら、発進するまでに、3つを曲げるコマが発生するか、後ろにステップバックしてから発進するため、出遅れてしまうのです。また、後ろ脚を引きすぎると、3つの関節を曲げ辛くなるので、足幅は広くなりすぎないようにしましょう。

また、トリプルフレクションができていても、腕を構えていなければ、「腕をあげる」コマが発生し、出遅れてしまいます。腕のセットのことをチーターの手のような形から「ガオ」と呼んでいます。ガオは顎の前あたりにセットしましょう。

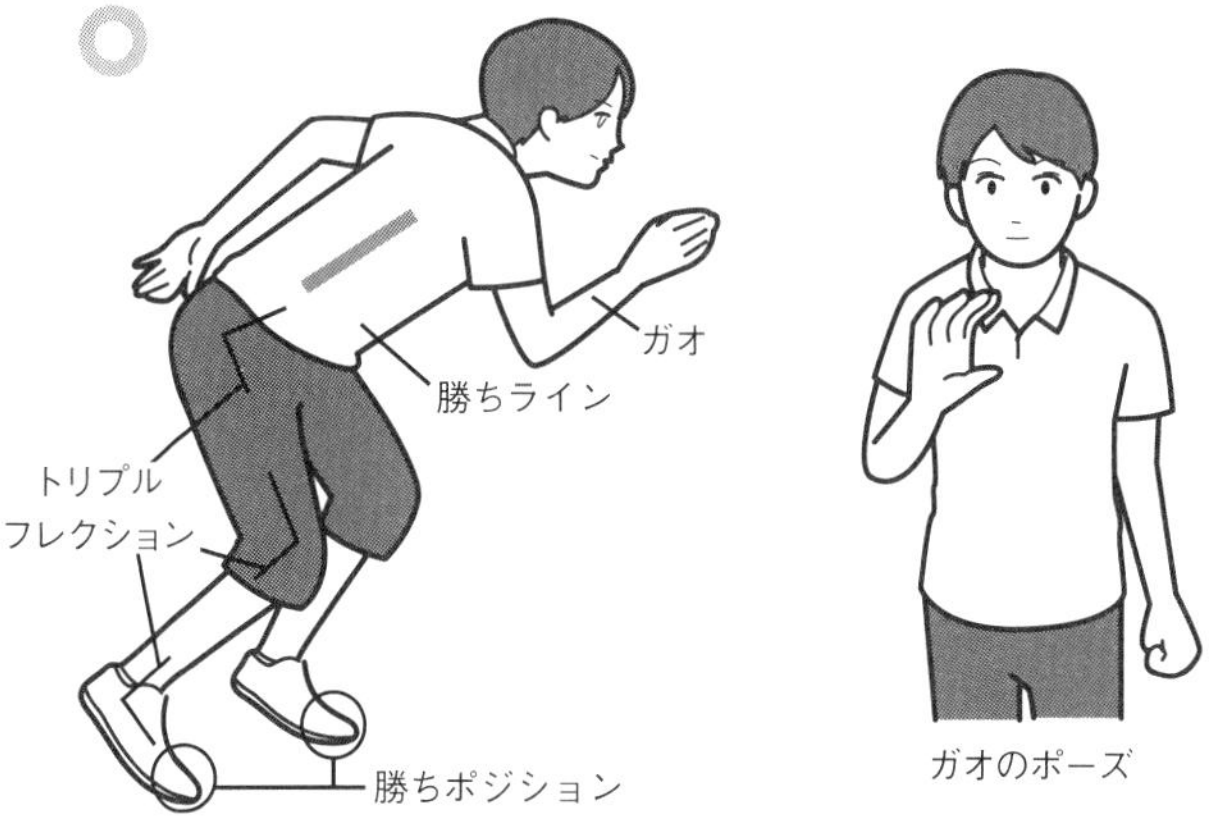

勝ちラインを意識し、両足勝ちポジション、トリプルフレクションの姿勢をつくります。腕は「ガオ」の構えにします。

負けライン・負けポジションになっている状態。後ろ脚を引きすぎると、トリプルフレクションの姿勢をつくることができません。

POINT

❶ 両足勝ちポジション
❷ トリプルフレクションの姿勢
❸「ガオ」の構え

スタートダッシュ1・2歩目

スタートダッシュは、「0歩目」の構えから爆発的に動き出します。大人の場合は細かなテクニックの指導を行いますが、大事なポイントは「ガオ」で構えた手の使い方です。腰の位置に水面があると仮定した場合、水面を叩くのではなく、水を後ろにかき出すイメージで強くかき出します。かき出す水の位置は、腰の下の水をかき出すように意識しましょう。まずは2回かき出す。慣れてきたら、4回かき出してみましょう。手の平の向きもそれに合わせて、後ろに向けてください。構えからストロークがうまくいくと、脚もCを通るような動きになってきます。

腰の下の水を一気にかき出すイメージで、肩を中心に腕を振ります。

POINT

❶ トリプルフレクションの姿勢
❷「ガオ」の構え
❸ 腰の下の水を一気にかき出す（2回〜4回）

トップスピード

最後はスタートダッシュを終え、トップスピードまでの走りについてです。

スピードがついてきたら、「勝ちライン」を意識して、正しい姿勢を保つことに意識を集中します。脚は「Cを通す」、腕は「空と地面」とこれまでのポイントをシンプルに意識します。

そのタイミングはCを通す頃に、勝ちライン・勝ちポジション・空と地面になっているかを確認しましょう。「走る人」も「指導者」も4つのポイントが着地のタイミングで合っているかを意識しましょう。

POINT 着地のタイミングで、勝ちライン・勝ちポジション・Cを通す・空と地面のタイミングが合っているかをチェックします。

1. 勝ちライン
2. 脚は「Cを通す」、腕振りは「空と地面」
3. Cを通す頃に、勝ちライン・勝ちポジション・空と地面にする

— 第3章 —
チェックポイント

チェック 1 ▶ 基本姿勢を意識するトレーニング

チェック 2 ▶ 走りに近づけるトレーニング

チェック 3 ▶ スタートダッシュ〜トップスピード

第4章

4つのポイントは、あらゆるスポーツに応用できる

スポーツにおいての走りは、加速・減速、方向転換の連続です。ここでは、サッカー、テニス、ラグビー、相撲、野球という5つのスポーツの動作を、4つのポイントを絡めて解説してきます。

4つのポイントを活用する

「Cを通す」は加速するアクセルの動き

「はじめに」でも触れたように、私は、陸上のスピードコーチだけではなく、動作全般を扱うムーブメントコーチとして指導しているため、その考え方は、あらゆるスポーツに応用できます。すでに、走りを構成する4つのポイントを解説しましたが、言うなれば、この4つのポイントは部品のようなもので、それを組み合わせたものが、スポーツという作品です。組み合わせ方によって、さまざまな作品・種目になるのです。

分解写真によるコマ割での指導は、多くの人がやっていますが、重要なのは、1つの動作をどう連続させるか、どの部品と部品をどのタイミングでどう使うかということです。これがスポーツのパフォーマンスを決めるのです。部品を切り取った「写真」であっても、それを連続させた「動画」

として見ていく意識が必要です。

そこで、種目別の各論に入る前に、4つのポイントを使った動作スキルを解説していきたいと思います。以下A・B・Cを使いますが、これはすでにお伝えしたように、下から順に、Aは足首（の高さ）、Bはすね（の高さ）、Cは膝（の高さ）を意味しています。

まず、理解しておいてほしいのは、「Cを通す」というのは、基本的には加速するアクセルの動きだということです。そして、片方の脚がCの横を通ったあと、Cの高さからAの高さに変えると、減速（ブレーキ）の動きになるのです。Cの高さのまま止まろうとしても、体の仕組み上、難しいのです。Cか

加速から減速への流れ

Cの高さは加速（アクセル）の動き、Aの高さに近づくにつれて減速（ブレーキ）の動きになります。

ら一気にＡの高さに変えれば急停止、Ｃ↓Ｂ↓Ａのように徐々に高さを変えていくと穏やかな減速になります。

大切なのは、Ｃの高さからＡの高さに変え減速する、Ａの高さからＣの高さに変え加速するというように、意図的に動作の使い分けができるかということです。走りは、「加速する」「減速する」「止まる」「方向を変える」の４つの動きに分解できるのですが、トップスピードの状態で減速をするときに、Ｃの高さのままでは止まれないので、素早くＡの高さに切り替える必要があります。これが遅れると減速できません。

例えば、左脚でステップを切り、右に方向転換する場合は、「Ａ↓Ｂ↓Ａ」と大きな軌道で動かすのではなく、「Ａ↓Ａ」という最短距離で動かすことが重要です。Ｂの動きが入ると、減速しきれないだけでなく、２コマではなく3コマ、４コマと動作が増えるため、それだけ方向転換にロスが生じてしまうのです。

A-StepとC-Step

それから、歩幅《ほはば》（ストライド）と歩隔《ほかく》という言葉があります。縦の歩幅に対して、歩隔は両脚の間の横幅です。歩隔はあまり意識されず、論じられることも少ないのですが、走りを考える上では重要です。それを広くするか狭くするかで、歩幅にも関係してきます。

通常、速く走るときは、歩幅を長くしていくのですが、減速するときは、歩隔を一気に広げることによって、歩幅が短くなり、短くなったエネルギーは回転数に変わって回転数が上がります。実際にやってみるとわかると思いますが、歩隔を広くすると、重心より前に脚を出すことが難しくなります。

A/C Step

Aの高さで、行きたい方向と逆の脚を小さく動かすステップ。

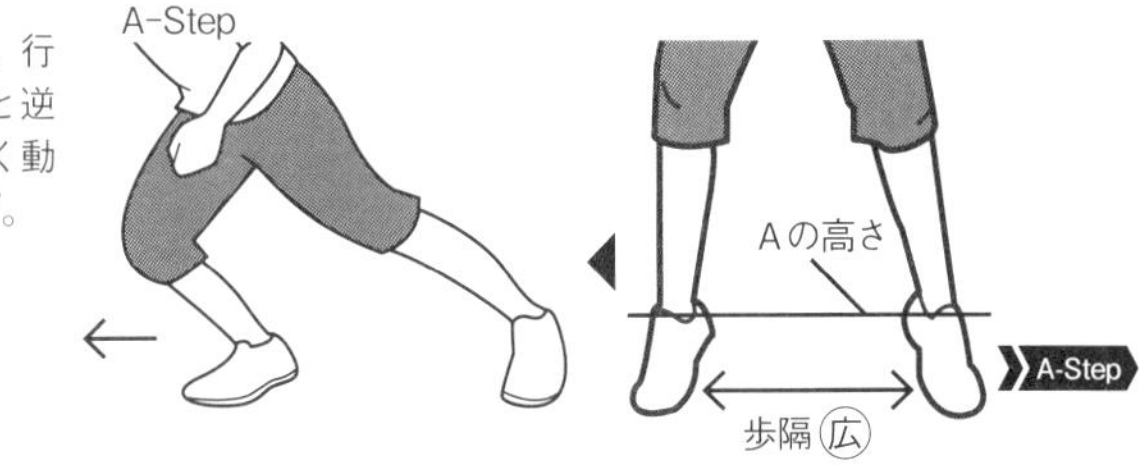

Cの高さで歩幅を出し、加速するステップ。

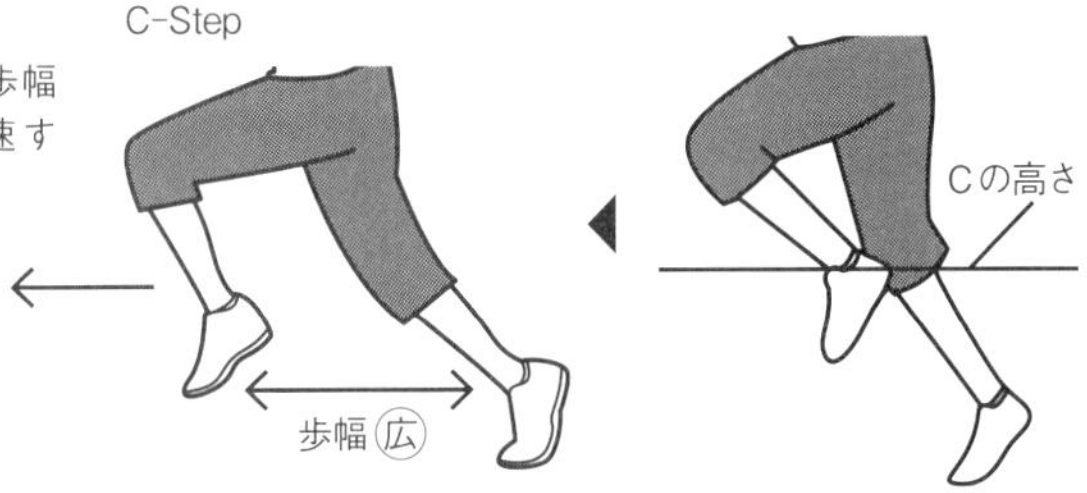

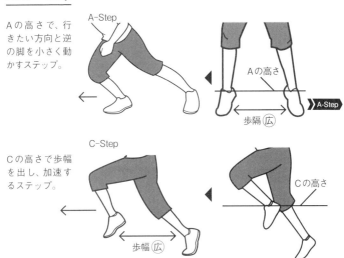

Ａの高さで歩隔を広げ減速し、方向転換のために、行きたい方向と逆側に脚を小さく動かすことをＡ－Ｓｔｅｐと言います。これに対し、Ｃの高さで歩幅を出し加速することをＣ－Ｓｔｅｐと言い、合わせて「Ａ／Ｃ　Ｓｔｅｐ」と呼んでいます。

加速する場合、歩隔が広いままだと、重心より脚を前に出すのが難しくなってしまうので、減速したあとに再加速できないポジションになってしまいます。これに対し、歩隔が狭いと、重心の真下のラインで脚をコントロールしやすく、容易に脚が上がりやすくなるので加速がしやすくなると考えています。

いろいろなスポーツでの動きを考えたとき、速く走るためには、減速が単なる減速ではなく、次の加速のための助走の動きになっていることが大切なのです。この「減速の理論」は、「よーいドン」でスタートする陸上競技だけを考えれば不要な話です。

サッカーなどの競技は「よーいドン」という状況がほとんどないので、基本は減速から加速する場面が多いのです。ですから、減速が次の動作の準備ができていない減速（＝ネガティブな減速）になっていては、加速のフェーズでどんなに正しいスキルを持っていても出遅れてしまいます。その結果、「もっと走れ！」と声をかけるだけの、精神論の話になりがちです。大事なのは、いつでも加速できるようなポジティブな減速を常に意識することです。

安全に止まり安全に加速する

いろいろな種目を見ていくと、正しい減速を知っておかないと頻繁にけがが起こるので、注意が必要です。膝のけがに関しては、減速するとき、歩隔が狭いまま方向転換することで、体より脚が大きく前に出てしまい、無理に方向を変えようとして、膝を内側にひねって前十字靭帯が切れるというケースが多く、膝のけがの割合の約90％という調査があります。

右に方向転換をしたいとき、歩隔を広くして減速していれば、次のコマで行きたい方向と逆の脚である左脚を動かし、自分の体の後ろにつく股関節の伸展運動のフットワーク、つまりA-Ｓｔｅｐで方向転換できます。しかし、歩隔が狭いままだと、左脚を体のかなり前で着地し減速するため、股関節が屈曲し、股関節の伸展のタイミングが間に合わなくなります。このため、膝が内側へひねり込む動きになって、前十字靭帯を切る子どもたちが数多くいるのです。

速く走るための指導では、歩幅の話はたくさんの方がされていて、歩幅を出すためのドリルも数多くあるのですが、歩隔をコントロールして減速し、方向を変えるという指導はあまり見ることがありません。減速のテクニックが、それほど注目もされず細分化されていないせいか、歩隔をコントロールすることが体にどれくらい貢献するかという研究がされていないのです。しかし、歩隔を広くすると、重心位置が自動的に下がってくるので、ブレーキの役割にもなり、減速の効果があるということを知っておく必要があります。

ですから、子どもの走り方を教えるにあたっては、速度を出すことも大事なのですが、「安全に止まり、安全に加速する」ことがとても大事なのです。陸上競技をしている子どもだけならまだいいのですが、球技をしている子では、なおさら注意が必要になります。安全に加速し、安全に止まれる練習を十分していれば、ボールの操作や状況判断を迫られ、走りに意識を集中できなくなったときでも、正しい動きが身についているので心配はありません。スポーツに親しむ多くの方に、「安全に止まること」「安全に加速すること」の大切さを理解していただきたいと思います。

加減速の5つのパターン

これまで述べてきた歩幅、歩隔を意識して行う「加減速のパターン」を整理すると、次の5つになります。

①止まっている状態（セット）からのアクセル
②動いている状態からのアクセル
③ネガティブな減速（減速させられてからのアクセル）
④ポジティブな減速（自分から意図的に減速してからのアクセル）
⑤方向転換

すべてのスポーツは、この5つのパターンで成り立っています。③はディフェンスのときによく見られます。④はドリブルなど、自分から仕かけるスピード調整で、これにより減速が助走になるのです。

例えば、野球の盗塁の場合は、「②動いている状態からのアクセル」をすることになります。ランナーは左右に多少動きながら、状況を見て盗塁するか帰塁するか、どちらかに走り出します。その場合、最初の一歩が加速の起点になっているかどうかが大切なのです。

また、ラグビーのディフェンスでは、「④ポジティブな減速」が必要になります。右に行こうとしているオフェンスの選手が、左に行くフェイントをかけ、意図的な減速をして右に行くのに対し、

行きたい方向と脚の出し方

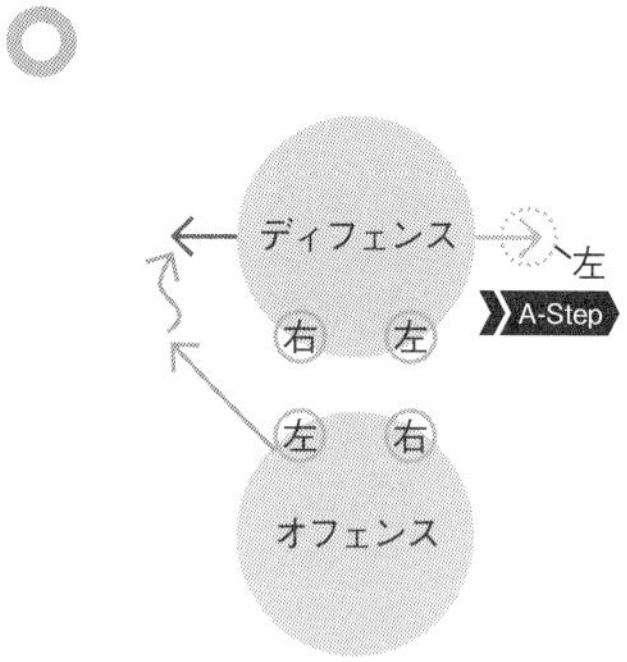

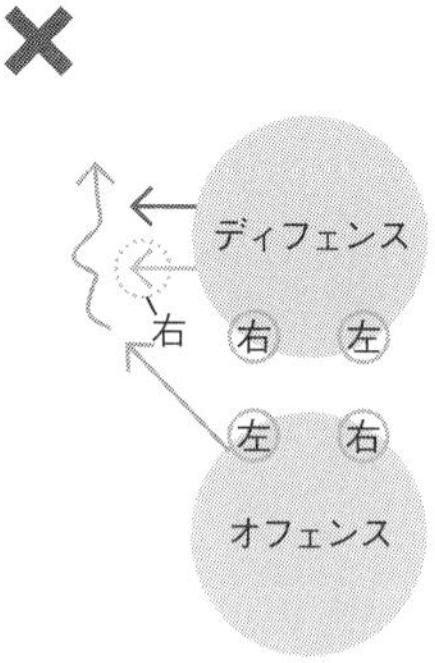

オフェンスの左へ行こうとする動きに対して、ディフェンスは行きたい方向と逆の脚を出して対応しています。

オフェンスの左へ行こうとする動きに対して、ディフェンスは行きたい方向の脚を出して対応しています。こうなると、次の一歩の動きにロスが生まれ、オフェンスに突破される可能性が高くなります。

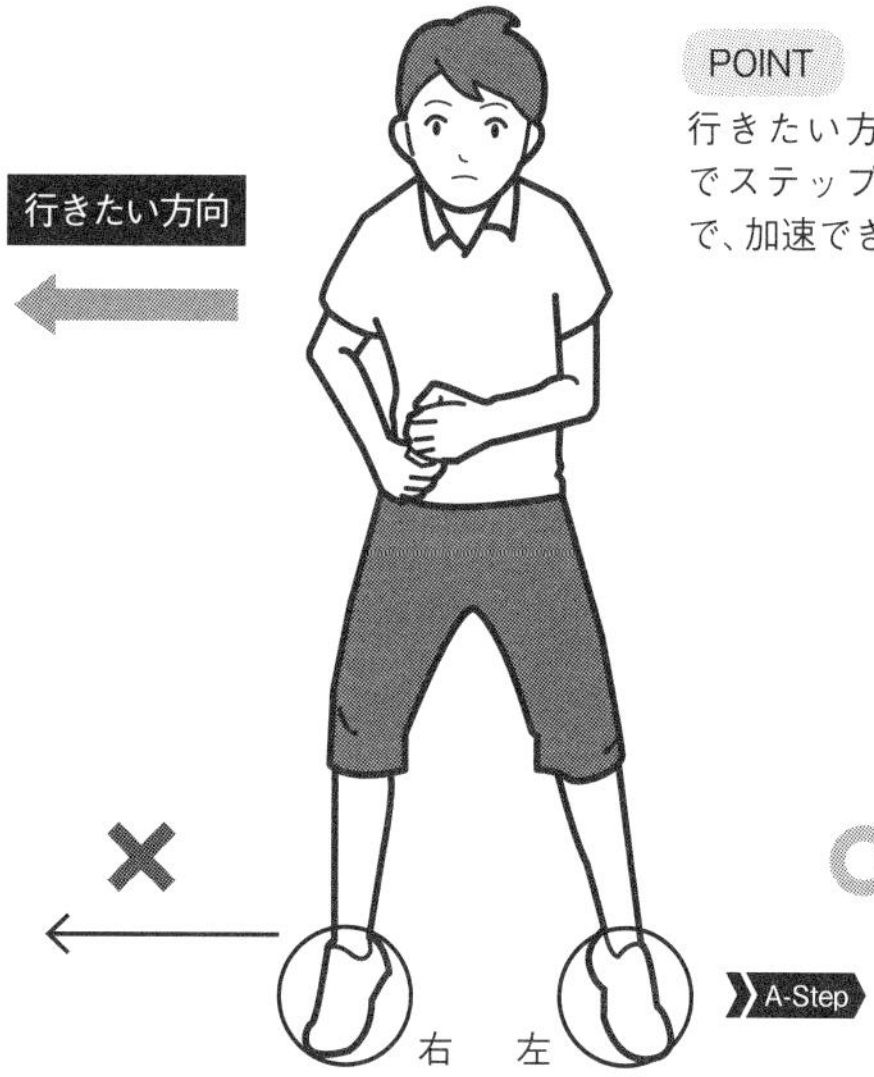

POINT

行きたい方向と逆の脚でステップを踏むことで、加速できます。

それに反応せざるを得ないディフェスの選手は「③ネガティブな減速」を強いられて、抜かれてしまいます。一方、ディフェンスの選手でも、予測・調整して、意図的に減速して「④ポジティブな減速」ができれば、オフェンスの攻撃を防ぐことができるのです。

そこでの動きのポイントは、行きたい方向の脚を動かしてしまうのではなく、行きたい方向と逆の脚を瞬時に動かせるかです。行きたい方向の脚を動かすと、オフェンスのコースに入ることはできても、両脚が揃い、停止してしまいます。また、その瞬間に「負けポジション」になりやすくなります。そうなればなおさら、スピードとパワーが失われます。つまり、脚を見ていれば、その人が準備したか、していないかがわかります。ラグビーなどでは、これで「勝ちタックル」になるか「負けタックル」になるかが決まるのです。

アメリカンフットボールでは、従来は行きたい方向の脚から動かすほうが、無駄がなくていいとされていましたが、最近の研究では、逆の脚から動かすほうが速いということが明らかにされています。

ここから先では、サッカー、テニス、ラグビー、相撲、野球といった5つのスポーツの一動作を切りとって解説していきます。ここまでお話しした加減速のパターンやA/C Stepの理論を頭に入れた上で読んでいただければ、より深く理解できるでしょう。

Sports 1

サッカー

A・B・Cどこの高さを通るかは速度に応じてコントロールする

サッカーでも、足首がどこの高さでコントロールされているかが重要なポイントとなります。大きくボールを前に蹴り出して加速するとき、足首はC（膝）の高さでいいのですが、ドリブルなど、ボールを自分の足元に収めながら走る場合は、B（すね）かA（足首）の高さになります。Aの高さはロースピード、もしくはその場での細かい動きに適し、Bの高さはミドルスピード、Cの高さはハイスピードでの強い加速に適しています。手の動きは「空と地面」になってきます。

つまり、速度に応じて、最適な高さは決まってくるのです。また、上半身は、速度と安定性を保つため、頭を下げずに勝ちラインをしっかりとキープしてください。

▼解説する動作

1 ドリブル

ドリブルには、ボールにタッチしているときとしていないときがあり、出したボールに追いつくことを繰り返す動作ですが、ボールをタッチしているときは、AかBの高さで動いていることになります。いい選手は、ボールのスピードに対して自分の体をフットワークでしっかりコントロールしています。

2 ディフェンスの動き

フォワード(FW)とディフェンス(DF)が1対1となった場合、DFがFWを止めるために必要なことは、A-Stepです。つまり、DFが行きたい方向と逆の脚を瞬時に動かすことができるかどうかです。行きたい方向の脚から動かすと、コースに入るだけの一歩の動きとなり、加速を伴う連続動作になりづらく、FWの動きに対応するのが難しくなります。

1 ドリブル

GOOD ○

歩隔が適度で、足はBの高さを通っているのがわかります。上半身は、勝ちラインを保っています。見た目にも美しく姿勢がよく見えます。体勢が崩れても下半身で対応・処理し、上半身の姿勢は常に変わらないため、転ぶことも滅多にありません。

POINT

❶勝ちライン
❷勝ちポジション
❸基本的にBの高さを通る

NG ✕

歩隔が肩幅より広くなっているため、後脚の足が高くなってしまっているのがわかります。上半身も頭が下がり、勝ちラインが保てていません。見た目にも、猫背のようで好ましくないだけでなく、重心が安定せず、相手がプレッシャーをかけてきたときなど、前に転びやすくなります。

2 ディフェンスの動き

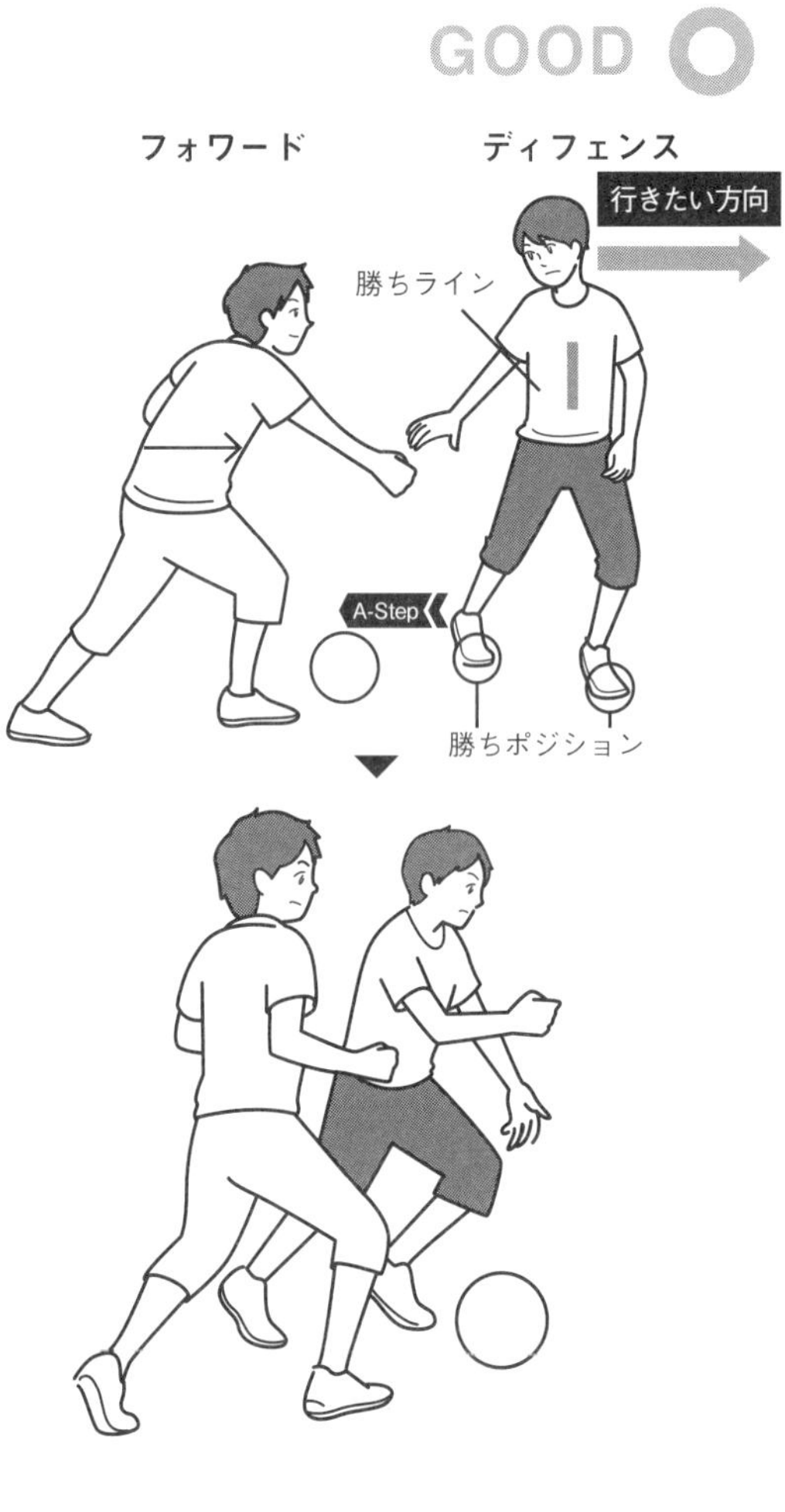

一歩だけでなく数メートルの加速が必要な場合は、A-Stepで行きたい方向とは逆の脚を動かします。そうすれば、次の動作にスムーズに移行でき、フォワードの動きを止めやすくなります。

POINT

❶ 勝ちポジション
❷ 勝ちライン
❸ 行きたい方向と逆の脚を動かす

NG ✕

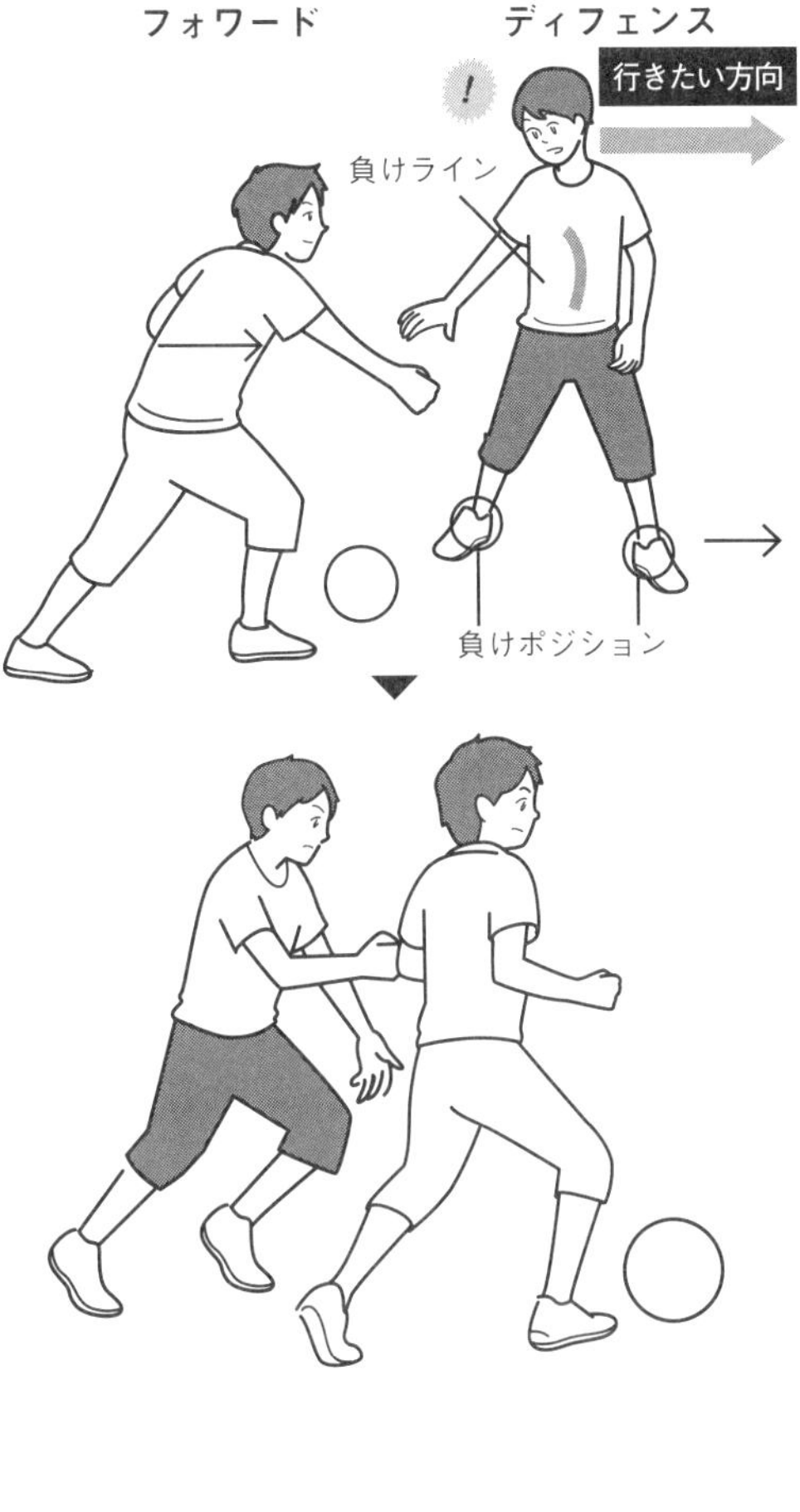

ディフェンスは、行きたい方向の脚から動かしてしまうのはＮＧです。次の動作への移行が遅れてしまい、フォワードに抜かれやすくなってしまいます。ただ、狭い場所での攻防など、一歩だけコースに入りたい場合はＯＫです。

Sports 2

テニス

常に勝ちポジションを意識し、横・前後へポジティブな方向転換を行う

テニスは、横方向・前後の動きに特徴があり、方向転換と準備中のフットワークがポイントとなります。一連の動作は、移動が起点となり、ショットは終了の動きとなります。レシーブの移動（フットワーク）は、常に相手の動作に合わせて動くため、ネガティブな減速になりがちですが、よりスムーズな体勢でショットを打つためには、ポジティブな減速が必要です。移動距離が複数歩になる場合、行きたい方向と逆の脚を使って加速したか、行きたい方向と同じ脚を出して、その後にステップが開始されたのかで、大きく違ってきます。ただ、一歩や一動作で完了する場合は、行きたい方向の脚を一歩踏み出せばショットの動きになるので状況に合わせて使い分けましょう。

▼解説する動作

1 レシーブ時のフットワーク

テニスでは、自分の周辺の動きは行きたい方向の脚を動かしても対応できるのですが、その場合、脚の一歩分の距離しか動けず、一歩以上の距離にきたボールに対応するのは困難です。そのため、常に勝ちポジションを意識し、一歩以上の距離を移動するときは、A-Stepを使います。

2 ショット

昔は、右利きの人なら、左脚を支持脚にしてショットを打つ指導が主流でした。しかし、いまは、テニスに限らず、ラケットスポーツは対応スピードが勝敗を分ける大きな要因となっています。そのため、瞬時に対応できるように、ラケットを持つのが右利きの人なら右脚を支持脚に、左利きの人なら左脚を支持脚にします。そうすることで前脚への体重移動が容易になり、精度の高いショットを打ちやすくなります。

1 レシーブ時のフットワーク

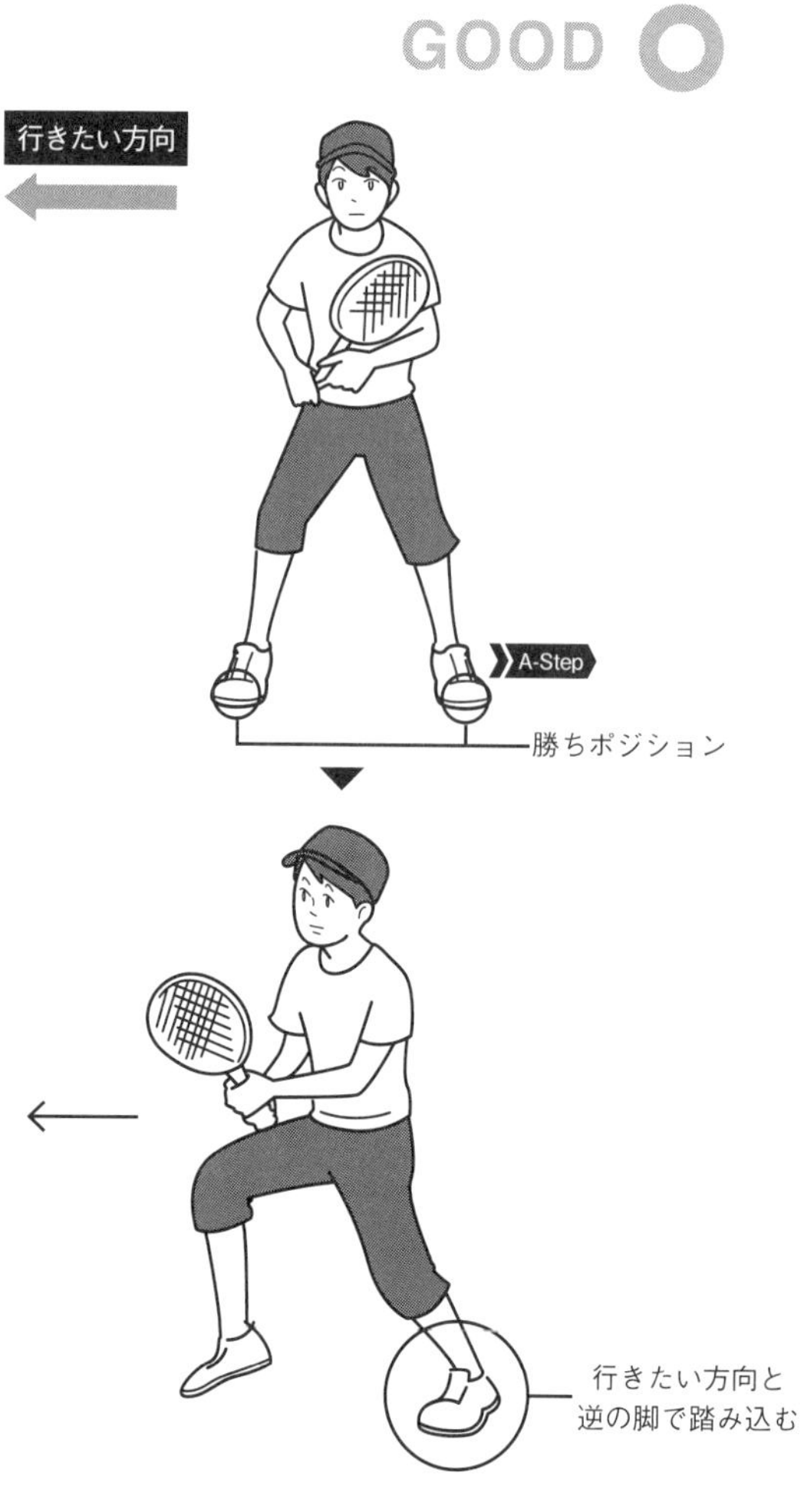

レシーブのポジションでは、重心を足裏の前半分にかける勝ちポジションをキープしながら、その場でステップを踏みます。フットワークは、A-Stepで行きたい方向と逆の脚で踏み込んで動けば、ボールへの対応が早くなります。

POINT

❶ 勝ちポジション
❷ 勝ちライン
❸ 行きたい方向と逆の脚から動かす

一歩以上の距離を移動する場合、レシーブのポジションは、重心を足裏の後ろ半分にかける負けポジションではＮＧです。フットワークは、行きたい方向の脚で踏み込んでしまうと、次の動作が遅れてしまいます。

GOOD ○

ショット時の支持脚は、勝ちポジションでしっかり足裏の前半分に重心をかけるとともに、上半身は、みぞおちとへその間を伸ばした勝ちラインでいい姿勢をキープします。その姿勢をキープしながら、利き手に近い脚を支持脚にすることで、ブレないショットが打てます。

POINT

❶ 勝ちライン
❷ 勝ちポジション
❸ 利き手に近い脚を支持脚にする

NG ×

支持脚の重心が足裏の後ろ半分にかかってしまう負けポジションはNGです。上半身が、みぞおちとへその間が近く背中が曲がってしまう負けラインだと、体の軸が安定しません。また、利き手から遠いほうの脚を支持脚にしてしまうと、ショットがブレやすくなります。

Sports 3

ラグビー

Cの高さを通るか通らないかで身体接触の耐久性に差が出る

ラグビーは、身体接触が多いので、足首がCの高さを通るか通らないかでスピードに加え、パワーのエネルギーに差が出ます。アタックのとき、Cを通らないと頭が下がり、エネルギーも下向きになりますが、Cを通り脚が前方に運ばれてくれば、前へのエネルギーが高くなります。また、起き上がるときは、お尻からではなく「脚」からにしてください。その際、股関節・膝・足首の3つの関節を曲げる「トリプルフレクション」を意識してください。勝ちラインを保ちつつ、足の3つの関節を曲げると、前傾姿勢になり、自然と腰が浮き上がってきます。

▽解説する動作

1 ボールを持って走る動き

ボールを扱うのが手か足かの違いはありますが、走りに関してはサッカーと似ています。ボールを持っているときや、ボールを受け取る瞬間やパスをする瞬間、足はBかAの高さとなります。BやAの高さになると、脚の回転数が高まり動きをコントロールしやすくなります。そして、ボールを持って強く加速するときはCの高さとなります。

2 スクラム

スクラムは、試合が中断したときに再開するためのラグビー独特のプレーです。互いに8人の選手が押し合うわけですが、押す力を最大限に発揮するためには、勝ちポジションであることは欠かせません。また、その力を有効に相手側に伝えるために、上半身はしっかり伸ばし、勝ちラインを維持するように心がけてください。

1 ボールを持って走る動き

重心は、足裏の前半分にかける勝ちポジション、上半身はみぞおちとへその間を伸ばした勝ちラインで、頭も上げます。後ろの手は、しっかり地面を指すまで振り、前の脚もCの高さを通っています。また、脚の3つの関節はすべてしっかりと曲がっています。

POINT

❶ 勝ちラインと勝ちポジション
❷ Cを通して、空と地面
❸ トリプルフレクションをつくる

NG ✕

重心が足裏の後ろ半分にかかる負けポジションはNG。上半身はみぞおちとへその間が狭い負けラインになっていてNG。頭も下がっていて、後脚も高く上げすぎています。この姿勢で、相手からタックルをもらってしまうと、けがにつながる可能性が高まってしまいます。

2 スクラム

GOOD ○

▼

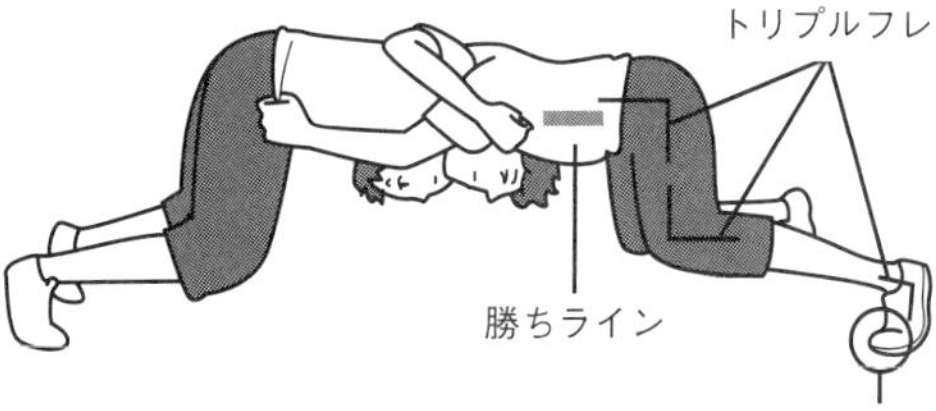

前進する力を最大限に発揮できるように、重心は足裏の前半分にかける勝ちポジション、上半身はみぞおちとへその間を伸ばした勝ちラインになっています。そして、脚を「トリプルフレクション」にすることで低く強い姿勢をつくることができます。

POINT

❶ 勝ちライン
❷ 勝ちポジション
❸ トリプルフレクション

NG ✕

▼

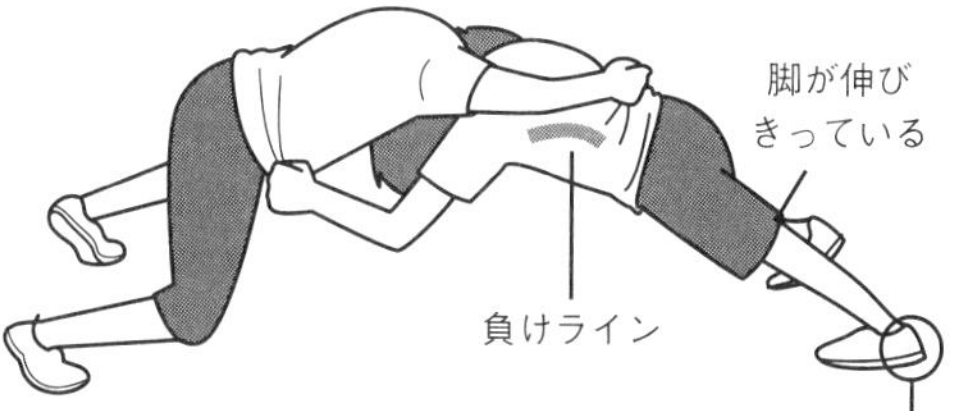

重心が足裏の後ろ半分にかかる負けポジション、上半身がみぞおちとへその間が近い負けラインになっており、前進する力が最大限に発揮できていません。相手の体より頭が下がってしまうと、相手を押し返すことが難しくなります。

Sports
4
相撲

常に勝ちポジションでAの高さをキープ。スタートの際の瞬発力が勝負を分ける

相撲の場合、立ち会いは「走り」で言うとセットにあたります。そのため、勝ちポジションをキープして、前に加速するだけの動きになります。走りと同様に、スタートの際の瞬発力が勝負を分けます。もう1つの特徴としては、ほかの球技のように方向転換をすることはまずありません。加速した後は、すぐにコンタクトがあるので、足首の高さは、常にAのままです。コンタクトした状態で、脚を上げてしまうと、その間に相手に押されて支持脚が負けポジションになってしまい重心が崩れ、負けにつながります。だからこそ力士は「すり足」を行っているのです。一連の動きの中で、小柄な力士などが横に動くときはA-Stepを使う場面もまれにあります。

▼解説する動作

1 立ち会い

立ち会いは、徒競走で言えば「よーい」のときの姿勢。勝ちポジションをキープして、コンタクトに備えます。足が上がった状態でコンタクトすることはありません。コンタクトの順番は、「肩↓脚」の順は一番力が弱く、「肩・脚」同時はその次、「脚↓肩」の順が一番強いので、まずは脚を踏み出すこと。そして、体勢を低くし、膝や股関節が伸びないようにすることがポイントです。

レスリングとの共通点

相撲はレスリングとの共通点が多く、どちらも加速中に膝の曲げ伸ばしは極力しません。タックルに入る動きは、後ろ脚の股関節が伸びることが大切です。常に勝ちポジションで動き、負けそうになったらステップバックして勝ちポジションを維持します。

1 立ち合い

GOOD ○

▼

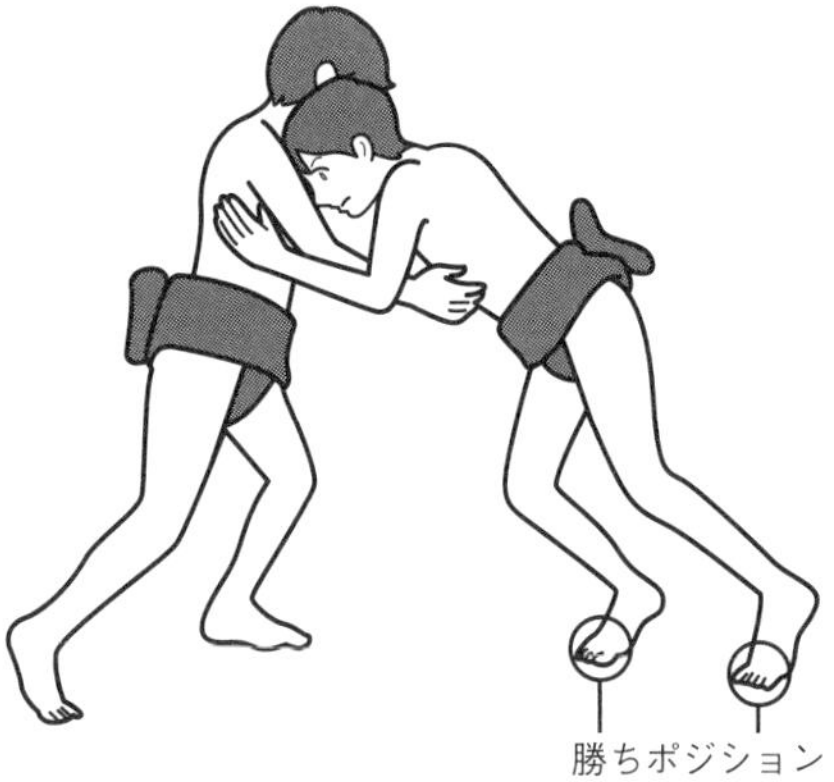

重心は、足裏の前半分にかける勝ちポジション、上半身はみぞおちとへその間を伸ばした勝ちラインで、コンタクトに備えています。コンタクト後も、勝ちポジションと勝ちラインをキープすることで、有利に戦えます。

POINT

❶勝ちライン
❷勝ちポジション
❸頭からお尻のラインが一直線

NG ✕

▼

負けポジション、負けラインになっており、コンタクト時に力が最大限に発揮できません。コンタクト後も、負けライン、負けポジションになると、不利になります。

Sports
5
野球

利き足(リードレッグ)と軸足(サポートレッグ)に合わせてスタートの仕方を変える

野球の競技としての特徴は、他の球技と異なり、時計と逆回りに走者の進行方向が決まっていることです。盗塁時は、多少左右に動いていて、セットしていないことが多いですが、決まった方向にダッシュする点では、走りと共通です。ポイントは、どちらの脚からスタートするかです。人には利き足(リードレッグ=コントロールする脚)と軸足(サポートレッグ=強い脚)があります。私も含め、軸足は左、利き足は右の人が多いですが、逆の人もいて、これは、どちらがいいかは一概に言えません。しかし、自分はどちらの脚が軸足か利き足かは、理解しておく必要があります。

解説する動作

1 盗塁

先ほど述べたように、利き足の関係で、走り出す瞬間は2種類の選手がいます。セットから脚をクロスさせて動く選手と、行きたい方向の脚から動く（オープンまたはシャッフルとも言います）選手です。最近は、後者の選手のほうが多いようですが、どちらがいいとは言えません。いずれにせよ、勝ちポジション、勝ちラインをキープすることは必須です。

2 守備

守備のときのフットワークは、一歩の範囲内で取れる距離ならば、またボールスピードが遅い状況ならば、どちらの脚から出ても問題なく捕球できると思います。しかし、より遠くに走り込まなければならないときや打球が速いときは、行きたい方向と逆の脚を出すＡ-Ｓｔｅｐを忘れないようにしてください。

GOOD ○

右脚から出すパターン

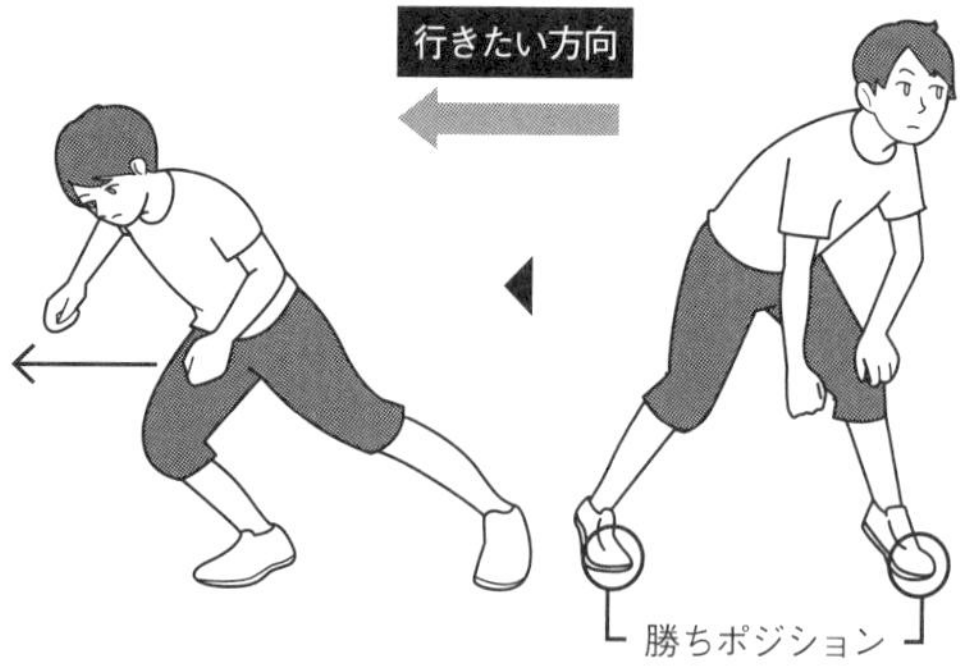

クロスオーバーするパターン

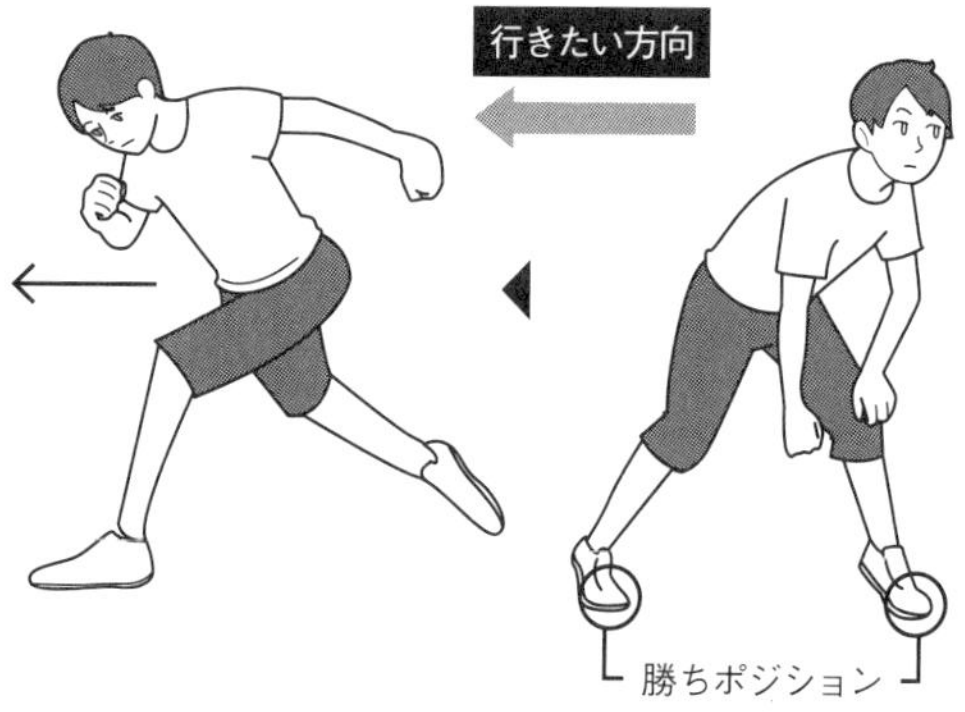

走塁前は、重心は足裏の前半分にかける勝ちポジションをキープします。利き足の関係で、右脚から出すパターン（上）と左脚を大きく踏み出して、クロスオーバーするパターン（下）の２つがあります。最近は、右脚から出す選手が多く見られます。

POINT

❶ 両足勝ちポジション
❷ 勝ちライン
❸ 利き足と軸足を見極める

NG ✕

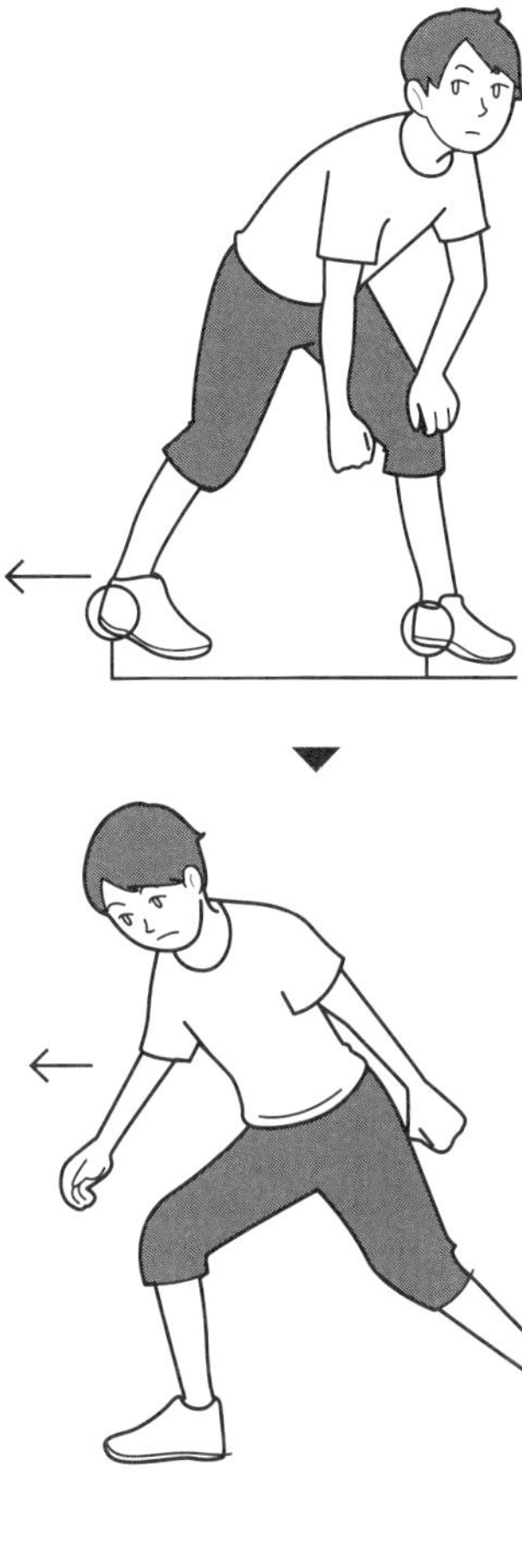

走塁前に、重心が足裏の後ろ半分にかかっている負けポジションでは、スタートが遅れてしまいます。走り出したら、上半身はみぞおちとへその間が狭い負けラインになってはNGです。また、一歩踏み出した際の、膝の角度が大きく開いているため、次の一歩をコンパクトに出すことが難しくなります。

GOOD ○

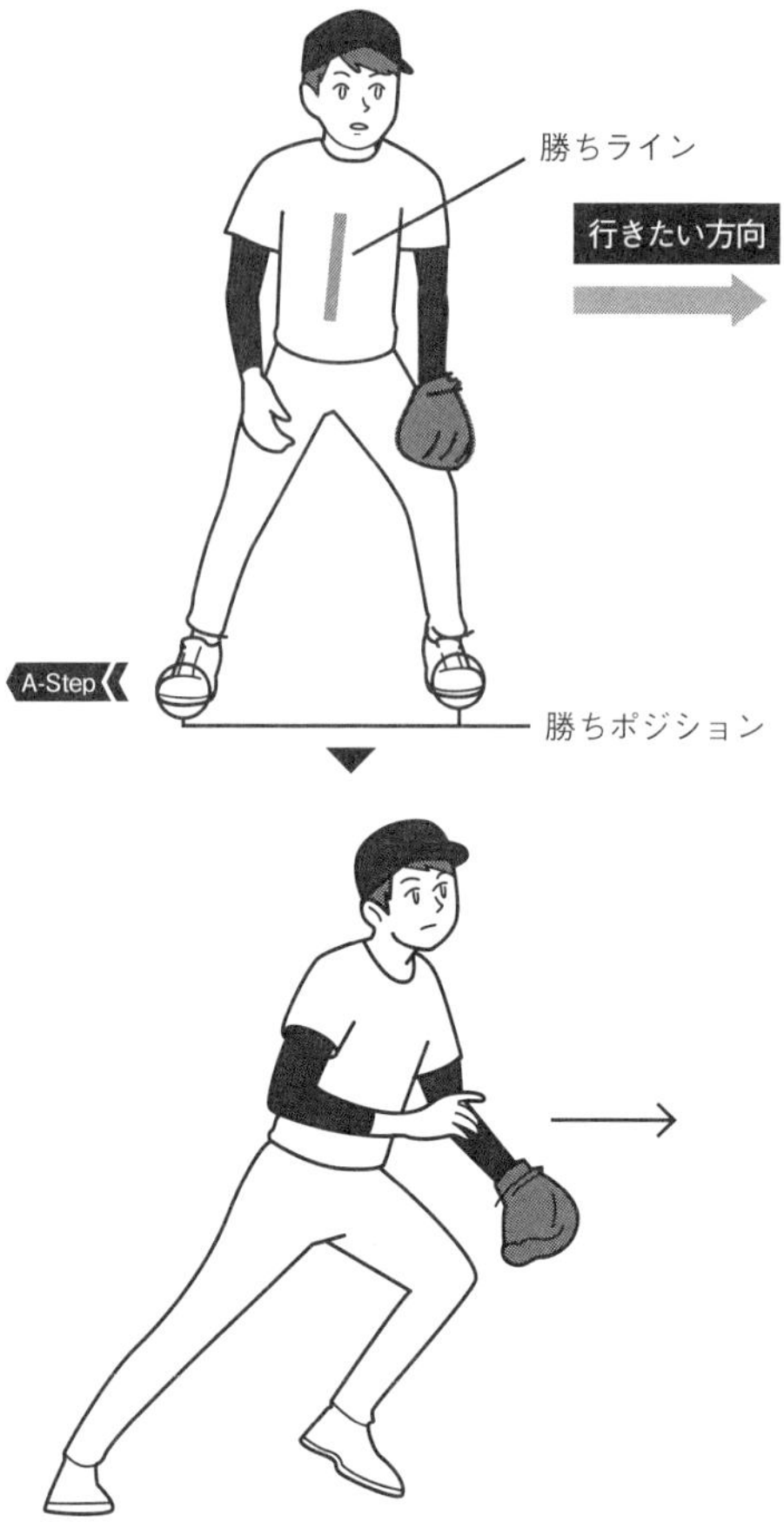

すぐにボールに対応できるように、重心は足裏の前半分にかける勝ちポジションで、その場でステップを踏みます。上半身はみぞおちとへその間を伸ばした勝ちラインをキープして備えます。ボールに反応して動き出す瞬間は、A-Stepを行います。

POINT

❶ 両足勝ちポジション
❷ 勝ちライン
❸ 行きたい方向と逆の脚を出す

NG ✕

重心が足裏の後ろ半分にかかっている負けポジションや、上半身がみぞおちとへその間が狭い負けラインになっていると、ボールへの対応が遅れます。ただボールが体から近い位置であれば、ボールに近い足を先に踏み出しても問題はありません。状況に応じて対処しましょう。

おわりに

「10秒の壁」という言葉があります。男子100メートル走で、達成は難しいと考えられていた9秒台に対する記録の壁のことです。しかし、カール・ルイス以降、世界では多くの選手が10秒の壁を破ってきました。これは、全天候型トラックの導入や選手のプロ化などの環境要因もありますが、科学・技術の進歩により、トレーニング方法やシューズが改善・改良されたことも大きいと思います。

いずれにせよ、記録は破られるためにあります。日本記録としては、10秒00が1998年以降19年間更新されず、まさに「10秒の壁」は日本人にとって鬼門だったのですが、ようやく2017年に初めて9秒97が記録されて以降、「10秒の壁」を破る選手が相次いでいます。10年ほど前には考えられないことでしたが、いかにこの10年間の進歩、特にトレーニング方法の進歩が著しいものだったかということを示しています。

つまり、いまや私たちのパフォーマンスを十分引き出せる可能性が、それほど大きくなったということです。正しいトレーニング方法を学べば、まだまだ記録は更新できるということです。みなさんには、何よりそのことに目を向けてもらいたいと思います。

私の考える正しい上達のプロセスは、「知る→見える→わかる（評価できる）→できる」というものです。まずは、４つのポイントを正しく知り、実際の動作から、それが見えるようになってもらいたいと思います。

その際、「良い走り」だけではなく「悪い走り」もよく見て比較し、理解するようにしてください。人間の認識は、比較対象があることで、より興味が湧き、理解も深まります。

そうすることで、走りを見ることが楽しくなり、その結果理解できるようになります。そして、違いがわかり、実際の動作を評価できるようになるのです。いたずらにタイムにこだわることはなくなり、走りの本質が理解できることでさらに楽しくなってくるのです。そのことがかえっていい結果につながっていくはずです。

まもなく東京オリンピック・パラリンピックが開催されます。一流のアスリートを間近で見る絶好の機会です。きっと多くの日本人が活躍すると思います。その際、「すごい！　かっこいい！」と思ったら、それだけで終わりにしないでください。「なぜすごいのか、かっこいいのか」、その動作の部品を見るように心がけてみてください。同じ映像を見ても、そうすることで、自ら考えるようになり、違いが見え、次第に正しく評価できるようになるはずです。

保護者の方、指導者の方も、子どもの動きをしっかりと見てあげてください。本書で繰り返し述べた4つのポイントを確認・調整すれば、きっと走りはよくなってくるでしょう。それでも、動きにぎこちなさを感じる場合、多くは部品が間違っているのではなく、タイミングが間違っているのです。部品を見たら、その次はその部品を使うタイミングを見るようにしてください。正しいトレーニング方法を学び、実践すれば、必ずやパフォーマンスは最大限に引き出せます。

走ることをする人も見る人も、本書を十分活用し、楽しみながら、よりよい成果を出していただけることを心から願っています。

スピード＆ムーブメントコーチ　里 大輔

【著者プロフィール】

里 大輔 (さと だいすけ)

スピード&ムーブメントコーチ
株式会社 SATO SPEED 代表取締役

陸上競技（100m）の選手を引退後、大学・実業団陸上競技部の監督を経て、さまざまな種目のスピード&ムーブメントコーチとして活動。子どもからトッププロまですべてのスピードとプレイ動作を年齢・レベルに関係なく、次のステージへ導きながら、種目全体の攻撃や守備のスピードを高める活動を行っている。2016年より、ラグビー各年代日本代表のスピード&ムーブメントコーチに就任。

【経歴】

大学・実業団陸上競技部監督
日本ラグビーフットボール協会スピード&ムーブメントコーチ
ラグビー日本代表スピードコーチ
U-20・U-19・U-18・U-17日本代表 スピード兼S&Cコーチ
オリンピック委員会強化スタッフ
サッカー日本代表選手・国内・欧州リーグ選手への指導
その他様々な種目の国内プロチームやコーチへの指導

RUN FAST!
「走り方」の本質
一流アスリートが実践する「走り方メソッド」

2019(令和元)年 11 月 22 日　初版第 1 刷発行

著　者　里 大輔

発行者　錦織 圭之介

発行所　株式会社 東洋館出版社
〒113-0021　東京都文京区本駒込 5-16-7
営業部　TEL：03-3823-9206　FAX：03-3823-9208
編集部　TEL：03-3823-9207　FAX：03-3823-9209
振　替　00180-7-96823
U R L　http://www.toyokan.co.jp

［装　　丁］中濱健治
［本文デザイン］株式会社 LILAC
［イ ラ ス ト］POP CORN STADIO
［編 集 協 力］株式会社ナイスク　松尾里央　吉見涼
徳留佳之　佐藤航太
［印刷・製本］藤原印刷株式会社

ISBN978-4-491-03645-8　　Printed in Japan